# Einstern

Mathematik für Grundschulkinder

# 2

## Themenheft 3

**Zahlen und Operationen**
Plus- und Minusaufgaben
Sachsituationen

**Raum und Form**
Flächenformen

Erarbeitet von
Roland Bauer
Jutta Maurach

In Zusammenarbeit
mit der
Cornelsen Redaktion
Grundschule

Cornelsen

# Einstern 2

Mathematik für Grundschulkinder
Themenheft 3

Zahlen und Operationen
Plus- und Minusaufgaben
Sachsituationen

Raum und Form
Flächenformen

Erarbeitet von: Roland Bauer, Jutta Maurach
unter Beratung von: Meike Erben, Claudia Wendl (Straubing); Andrea Heindl, Mechtild Schmidt, Tanja Trompetter (Hof); Andrea Koch, Ulrike Schmucker (Schrobenhausen); Evelyn Leipold, Katrin Mayer (Bruckmühl-Heufeld); Anissa Marino, Elke Weidl (Bayreuth); Claudia Lihring, Alexandra Parzefall (Bach a. d. Donau)

Redaktion: Peter Groß, Anja Augustin, Uwe Kugenbuch, Friederike Thomas
Layout und technische Umsetzung: lernsatz.de
Illustration: Yo Rühmer
Umschlaggestaltung: Ulrike Kuhr

- Pflichtseiten
- Wahlseiten
- Handlungshinweis
- besprechen mit einem Partner
- besprechen in der Gruppe

Weitere Hinweise für die Lehrkraft befinden sich auf der hinteren (inneren) Umschlagseite.

Aufgaben mit unterschiedlichen Anforderungsniveaus:

- 1 ausrechnen, ausführen, wiedergeben
- d) Teilaufgabe mit erhöhter Anforderung
- 1 erkennen, fortsetzen, anwenden
- 1 Lösungswege selbst entwickeln, darstellen, begründen und übertragen
- → AH Seite … Hinweis auf die passende Seite im Arbeitsheft
- Aufgaben, die du in deinem Heft löst

**www.cornelsen.de**

1. Auflage, 12. Druck 2025

Alle Drucke dieser Auflage sind inhaltlich unverändert und können im Unterricht nebeneinander verwendet werden.



Druck: Livonia Print, Riga

ISBN 978-3-06-083464-8
ISBN 978-3-06-080233-3 (E-Book: alle Themenhefte Einstern 2)



**Bildnachweis**

44 Fotolia (alle außer 6, 8), jeweils: fotohansel (1), Andrey Kuzmin (2), Maimento (3), Atlantis (4), madgooch (5), 10-€-Schein: Cornelsen/Christine Wächter/Deutsche Bundesbank (6), Zerbor (7), 2-€-Münze: Cornelsen/Christine Wächter/Deutsche Bundesbank/Luc Luycx aus Belgien (8), Malyshchyts Viktar (9), grossimov (10), unpict (11), markus_marb (12), pupes1 (13), syomao (14), JWS (15), Oleksiy Mark (16), Nasared (17)

# Inhaltsverzeichnis

... und ich helfe dir:

schreiben

rechnen

merken

# Den eigenen Weg finden

1 Löse die beiden Aufgaben 46 + 30 und 63 – 40.
Probiere mindestens drei verschiedene Hilfsmittel aus, die du bei den Kindern siehst.

2 Entscheide, mit welchen Hilfsmitteln du die Aufgabe lösen kannst.
Vergleiche mit anderen Kindern.

**1** Suche dir ein anderes Kind.
Legt Plusaufgaben mit Zehnerzahlen und zeichnet Rechenbilder.

**2** Löse die Aufgaben.

a) 27 + 30 = □
38 + 40 = □
52 + 20 = □
45 + 50 = □

Seite 6 Aufgabe 2
a) 2 7 + 3 0 = 5 7 b) …
⋮

b) 20 + 37 = □
40 + 32 = □
50 + 26 = □

c) 49 + 50 = □
70 + 11 = □
35 + 30 = □

**3** Ergänze passende Zahlen. Schreibe die Aufgaben auf.

a) 32 + □ = 52
49 + □ = 89
24 + □ = 54
58 + □ = 78

b) □ + 42 = 92
□ + 31 = 71
□ + 54 = 84
□ + 25 = 55

Seite 6 Aufgabe 3
a) 3 2 + 2 0 = 5 2 b) …
⋮

c) 18 + □ = 68
42 + □ = 92
□ + 33 = 43

d) □ + 75 = 95
37 + □ = 67
□ + 46 = 76

**4** Ergänze passende Zehnerzahlen.

a) 51 + □ + □ + □ = 91

b) 33 + □ + □ + □ = 83

c) 24 + □ + □ + □ + □ = 84

d) 15 + □ + □ + □ + □ = 75

Seite 6 Aufgabe 4
a) 5 1 + … b) …

51 + 10 + 10 + 20 = 91
oder …

* übertragen eine Darstellung in eine andere
* übertragen ihre bisherigen Kenntnisse und Vorgehensweise auf den erweiterten Zahlenraum
* probieren zielorientiert und nutzen die Einsicht in Zusammenhänge

# Minusaufgaben mit Zehnerzahlen lösen

**1** Suche dir ein anderes Kind. Legt Minusaufgaben mit Zehnerzahlen und zeichnet Rechenbilder.

**2** Löse die Aufgaben. Setze die Aufgabenreihen fort. Was fällt dir auf?

a) 87 – 10 = ☐
87 – 20 = ☐
87 – 30 = ☐
⋮

b) 74 – 70 = ☐
74 – 60 = ☐
74 – 50 = ☐
⋮

c) 41 – 20 = ☐
42 – 20 = ☐
43 – 20 = ☐
⋮

d) 96 – 30 = ☐
86 – 30 = ☐
76 – 30 = ☐
⋮

*Seite 7 Aufgabe 2*
*a) 87 - 10 = 77 b) ...*
*⋮*
*87 - 40 = 47*
*⋮*

**3** Rechne.

a) 63 – ☐ = 43
87 – ☐ = 47
95 – ☐ = 65

b) 98 – ☐ = 38
46 – ☐ = 26
53 – ☐ = 23

c) ☐ – 20 = 27
☐ – 40 = 31
☐ – 30 = 52

d) ☐ – 50 = 35
☐ – 10 = 71
☐ – 30 = 36

*Seite 7 Aufgabe 3*
*a) 63 - 20 = 43 b) ...*
*⋮*

**4** Trage passende Zehnerzahlen ein.

a) 93 – ☐ – ☐ – ☐ = 23

b) 71 – ☐ – ☐ – ☐ = 31

c) 89 – ☐ – ☐ – ☐ – ☐ = 19

*Seite 7 Aufgabe 4*
*a) 93*
*b) ...*

⋆ übertragen ihre bisherigen Kenntnisse und Vorgehensweise auf den erweiterten Zahlenraum
⋆ probieren zielorientiert und nutzen die Einsicht in Zusammenhänge
⋆ erkennen Strukturen von Aufgabenreihen und setzen diese fort

→ AH Seite 24

# Plus- und Minusaufgaben mit Zehnerzahlen üben

**1** Schreibe alle Aufgaben auf, die Einstern zaubert.
Wenn du die Ergebnisse in den kleinen Sternen findest, hast du richtig gerechnet.

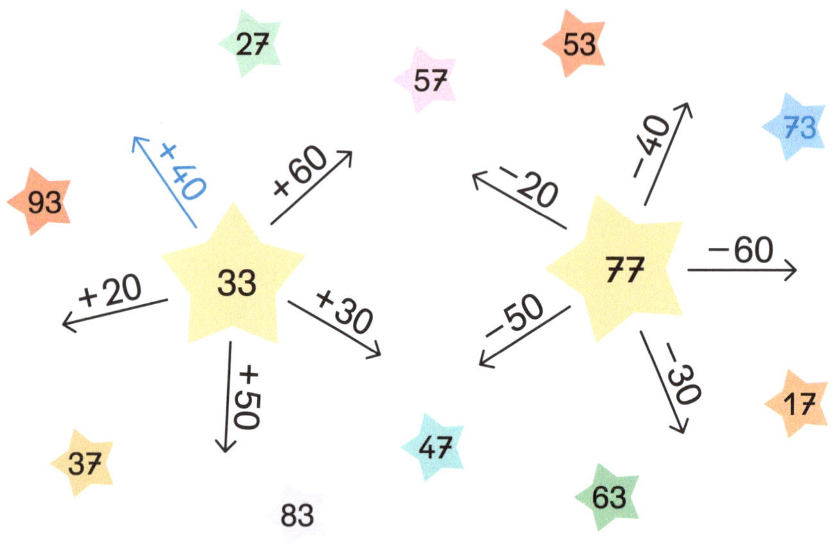


Seite 8 Aufgabe 1
33 + 40 = 73
33 + …
⋮

**2** Stelle mit 3 Zahlen Plus- und Minusaufgaben zusammen.
Finde immer 4 Aufgaben.

| | |
|---|---|
| (64) | 86 |
| 78 | 97 |
| 41 | 56 |

| | |
|---|---|
| 50 | 20 |
| 10 | (30) |
| 60 | 40 |

| | |
|---|---|
| 61 | (94) |
| 68 | 26 |
| 96 | 47 |

Seite 8 Aufgabe 2
64 + 30 = 94 …
30 + 64 = 94
94 − 30 = 64
94 − 64 = 30

**3** Rechne im Kopf. Schreibe das Ergebnis auf.

a) 15 —+10→ ▢ —+20→ ▢ —+30→ ▢ —−20→ ▢

Seite 8 Aufgabe 3
a) 55 b) …

b) 97 —−40→ ▢ —+20→ ▢ —−60→ ▢ —+50→ ▢ —−30→ ▢ —+20→ ▢

c) 53 —●▢→ ▢ —●▢→ ▢ —●▢→ ▢ —●▢→ ▢ —●▢→ ▢ —●▢→ ▢

* nutzen Zahlbeziehungen und Rechengesetze für vorteilhaftes Rechnen
* verfügen über Kenntnisse und Fertigkeiten beim schnellen Kopfrechnen im Zahlenraum bis 100

# Den eigenen Weg finden

1 Löse die Aufgabe 43 + 24.
Probiere mindestens drei verschiedene Hilfsmittel aus, die du bei den Kindern siehst.

2 Entscheide, mit welchen Hilfsmitteln du die Aufgabe lösen kannst.
Vergleiche mit anderen Kindern.

# Plusaufgaben zu Rechenbildern finden

**1** Suche dir ein anderes Kind.
Legt die Plusaufgaben, zeichnet Rechenbilder und findet die Lösung.

- 35 + 22
- 43 + 36
- 51 + 18
- 24 + 63
- 32 + 55

**2** Schreibe zu jedem Rechenbild eine Plusaufgabe.

a) 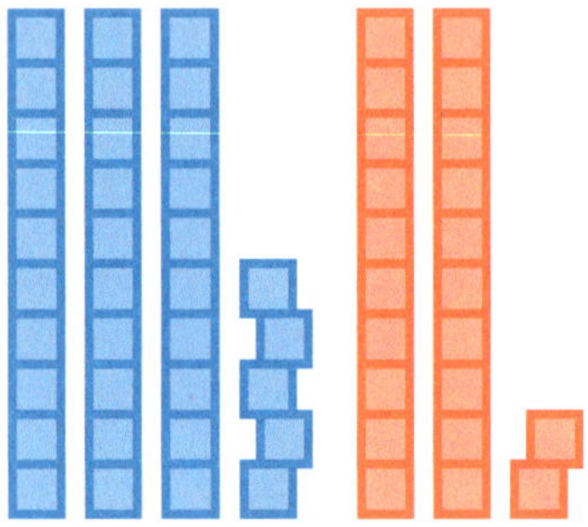

b) 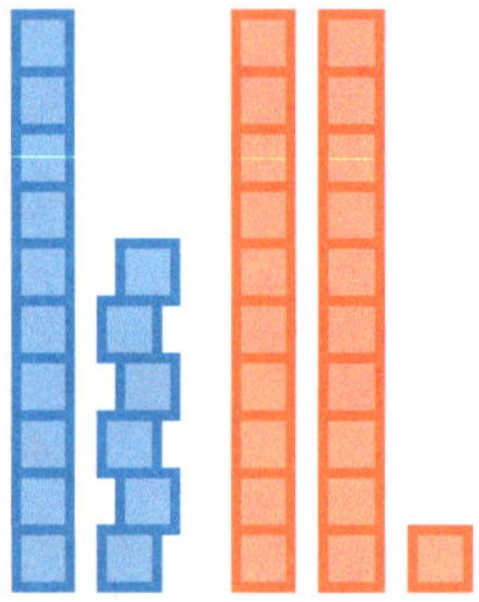

Seite 10 Aufgabe 2
a) 35 + 22 = 57 b) ...

c) 

d) 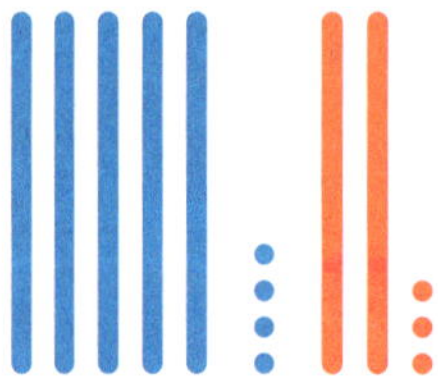

e) 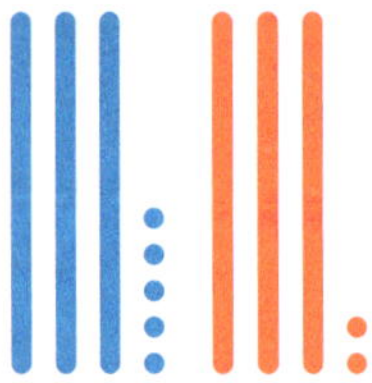

f) 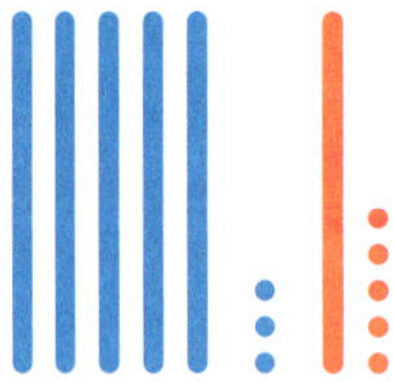

**3** Zeichne Rechenbilder und löse die Aufgaben.

a) 24 + 33 =
b) 14 + 45 =
c) 51 + 26 =
d) 36 + 62 =
e) 45 + 23 =
f) 16 + 63 =

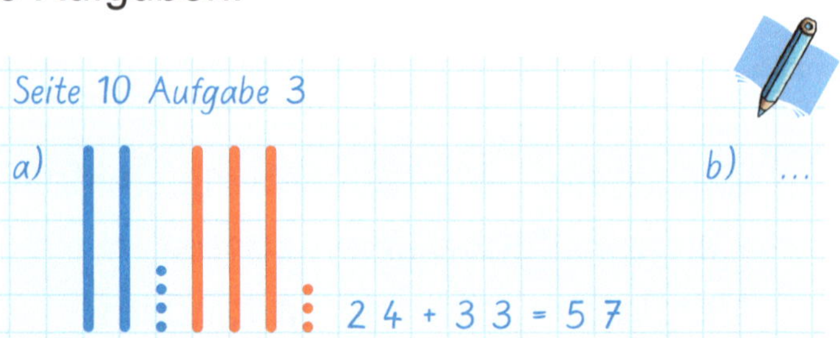


* übertragen eine Darstellung in eine andere
* übertragen ihre bisherigen Kenntnisse und Vorgehensweisen auf den erweiterten Zahlenraum
* entwickeln und nutzen ihre Lösungswege mit geeigneten Darstellungsformen und stellen diese anderen vor

→ AH Seite 25

**1** Wie rechnest du die Aufgabe 65 + 23?
Vergleiche mit anderen Kindern.

**2** Lies die Aufgaben am Rechenstrich ab.
Schreibe die Rechenschritte auf.

a) 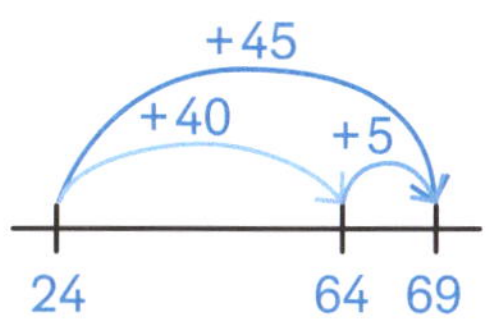


b) 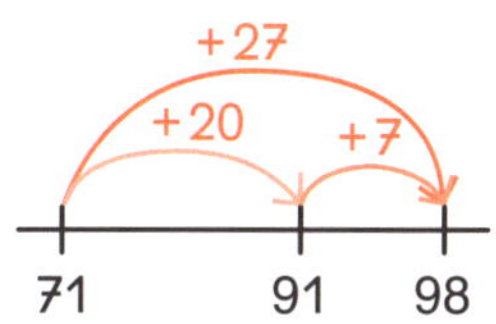


Seite 11 Aufgabe 2

a) 24 + 45 = ...

24 + 40 = 64

64 + 5 = 69

b) ...

c) 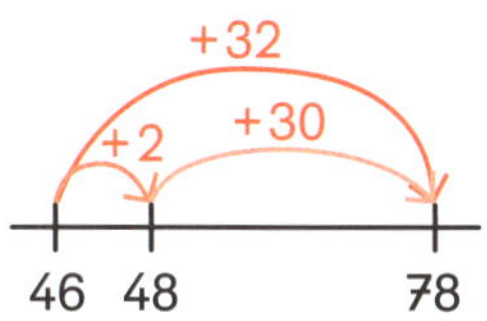


d) 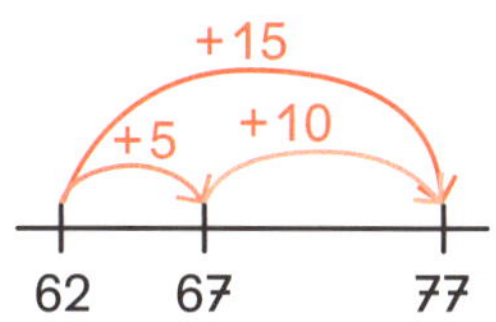


e) 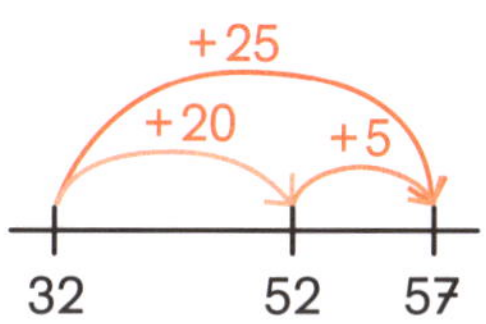


f) 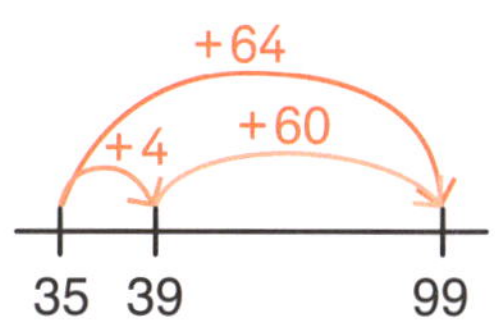


g) 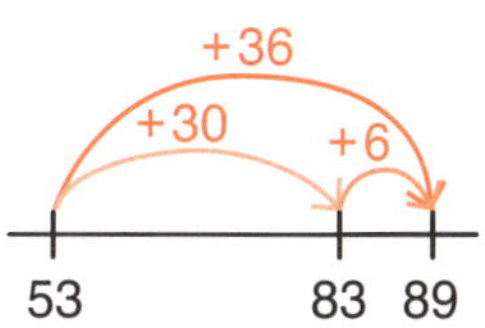


h) 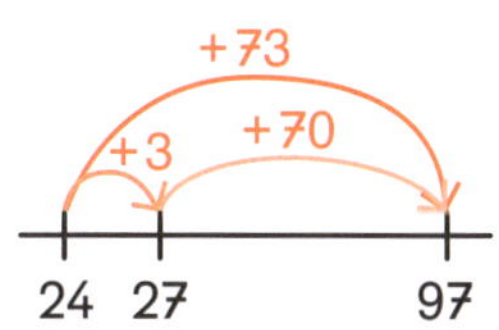

# Plusaufgaben am Rechenstrich in Schritten lösen (2)

**1** Rechne mit deinem Rechenweg.
Zeichne deine beiden Rechenschritte in dein Heft.

a) 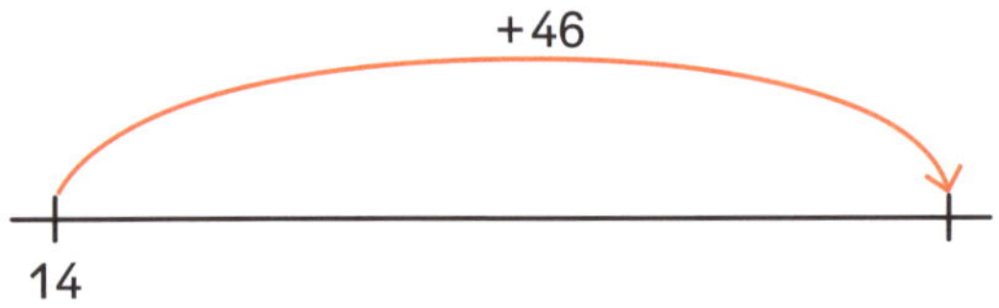


b) 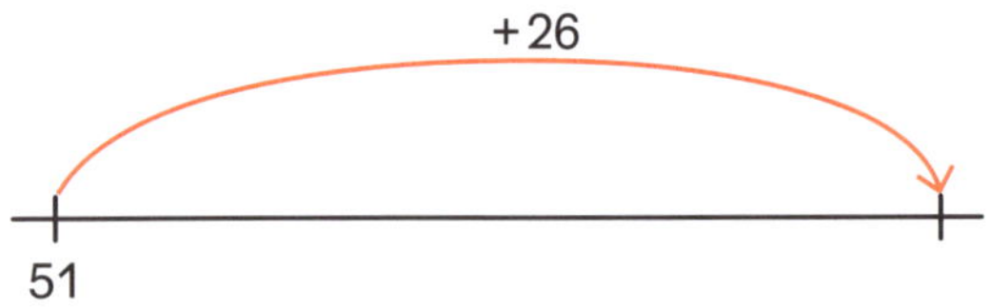


c) 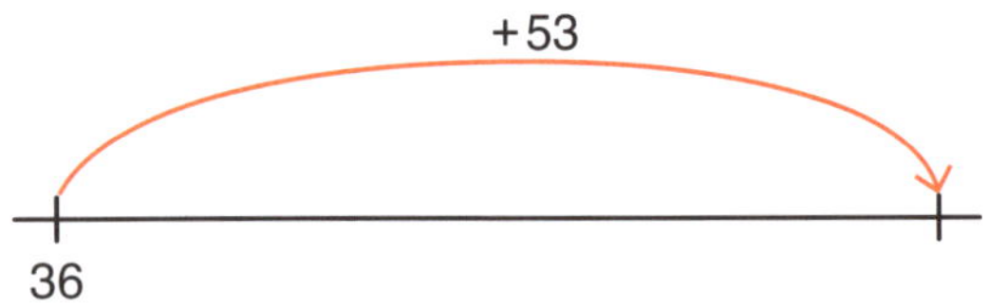


d) 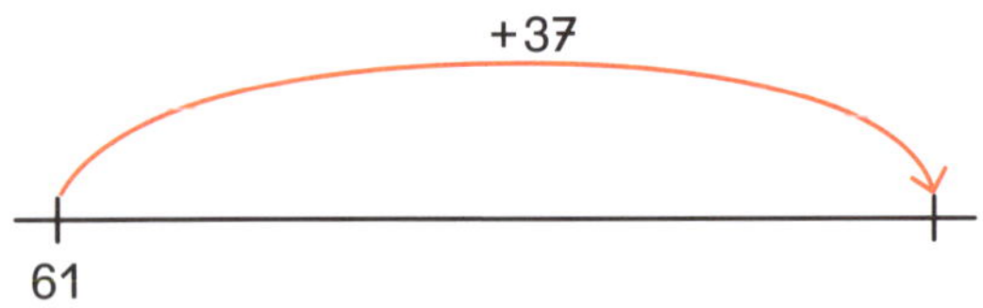


Seite 12 Aufgabe 1
a) … b) …

**2** Rechne mit deinem Rechenweg. Schreibe deine Rechenschritte auf.
Du kannst auch am Rechenstrich zeichnen.

a) 15 + 42 = ☐
☐ + ☐ = ☐
☐ + ☐ = ☐

b) 22 + 36 = ☐
☐ + ☐ = ☐
☐ + ☐ = ☐

c) 43 + 34 = ☐
☐ + ☐ = ☐
☐ + ☐ = ☐

d) 76 + 23 = ☐
☐ + ☐ = ☐
☐ + ☐ = ☐

e) 41 + 58 = ☐
☐ + ☐ = ☐
☐ + ☐ = ☐

f) 13 + 62 = ☐
☐ + ☐ = ☐
☐ + ☐ = ☐

Seite 12 Aufgabe 2
a) …

**3** Rechne im Kopf. Schreibe nur die Ergebnisse auf.

a) 51 + 28 = ☐
32 + 32 = ☐
56 + 43 = ☐

b) 42 + 24 = ☐
70 + 17 = ☐
25 + 50 = ☐

c) 46 + 31 = ☐
34 + 23 = ☐
12 + 16 = ☐

Seite 12 Aufgabe 3
a) 79, … b) …

* entscheiden sich für ihr individuelles Vorgehen beim Addieren von Zehner-/Einer-Zahlen
* entwickeln und nutzen ihre Lösungswege und wählen dafür geeignete Darstellungsformen aus

→ AH Seite 26

**1** Lies die Aufgaben an den Pfeilbildern ab.
Schreibe die Rechenschritte auf.

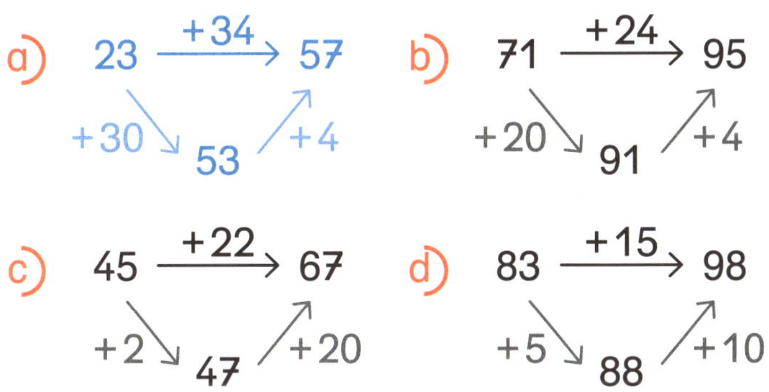


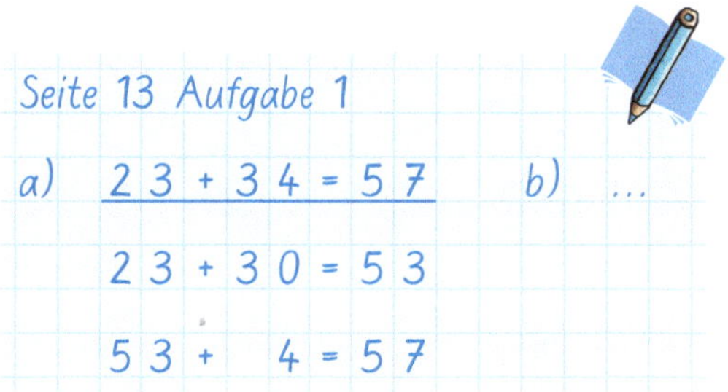


**2** Stelle deine Rechenschritte in einem Pfeilbild dar.
Schreibe die Rechenschritte auf.

a) 38 + 51 = ■ b) 33 + 42 = ■
c) 61 + 24 = ■ d) 26 + 51 = ■
e) 43 + 55 = ■ f) 57 + 32 = ■

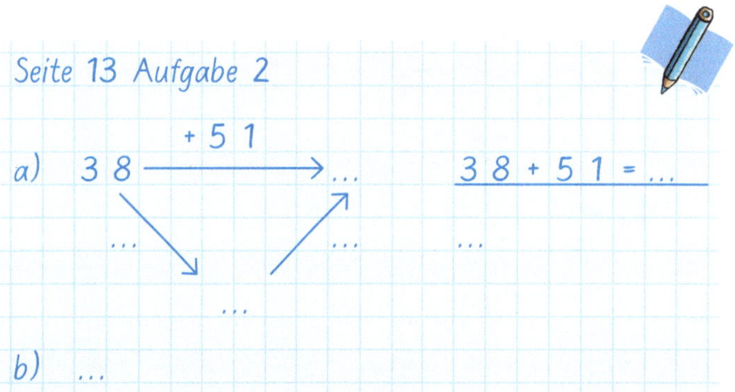

**1** Rechne mit deinem Rechenweg. Schreibe deine Rechenschritte auf.

a) 32 + 45 = ▢
61 + 25 = ▢
53 + 36 = ▢
22 + 46 = ▢

b) 21 + 56 = ▢
34 + 45 = ▢
64 + 34 = ▢
46 + 23 = ▢

c) 34 + 13 = ▢
52 + 16 = ▢
23 + 14 = ▢
42 + 25 = ▢

d) 65 + 33 = ▢
27 + 62 = ▢
31 + 29 = ▢
45 + 43 = ▢

Seite 14 Aufgabe 1
a) … b) …

**2** Löse die Kettenaufgaben im Kopf. Notiere das Ergebnis.

a) 32 + 24 + 30 + 12 = ▢

b) 11 + 36 + 30 + 21 = ▢

c) 25 + 12 + 20 + 11 = ▢

d) 43 + 20 + 15 + 10 = ▢

Seite 14 Aufgabe 2
a) 98 b) …

**3** Stelle mit den Zahlenkärtchen Plusaufgaben zusammen.
Schreibe sie auf und löse sie.

22 35 43 31 ▢ 44 ▢ 13 55 24

Seite 14 Aufgabe 3
22 + 13 = …
⋮

**4** Bilde mit diesen Ziffernkärtchen möglichst viele Plusaufgaben.
Besprich dein Vorgehen mit einem anderen Kind.

1 2 3 5

12 + 53 = ▢
▢ + ▢ = ▢
⋮

Seite 14 Aufgabe 4
12 + 53 = 65
⋮

* lösen Plusaufgaben im Zahlenraum bis 100 unter Nutzung ihrer individuellen Vorgehensweise
* nutzen Rechengesetze für vorteilhaftes Rechnen
* probieren zielorientiert beim Auffinden von Kombinationen

## Plusaufgaben mit Einern über den Zehner hinweg üben

**1** Löse die Aufgaben. Schreibe das Ergebnis auf. Kontrolliere selbst.
Alle richtigen Ergebnisse findest du in den Sternen.

| a) | b) | c) |
|---|---|---|
| 8 + 5 = ▢ | 7 + 6 = ▢ | 5 + 7 = ▢ |
| 5 + 6 = ▢ | 9 + 5 = ▢ | 7 + 7 = ▢ |
| 6 + 4 = ▢ | 4 + 7 = ▢ | 9 + 8 = ▢ |
| 7 + 8 = ▢ | 8 + 4 = ▢ | 9 + 7 = ▢ |
| 6 + 6 = ▢ | 9 + 9 = ▢ | 8 + 7 = ▢ |
| 10, 13, 12, 11, 15 | 13, 12, 14, 11, 18 | 12, 14, 16, 17, 15 |

Seite 15 Aufgabe 1
a) 1 3 ✓, …
b) …

**2** Löse die verwandten Aufgabenpaare.
Schreibe die Ergebnisse auf.

| a) | b) | c) |
|---|---|---|
| 8 + 5 = ▢ | 7 + 9 = ▢ | 8 + 3 = ▢ |
| 38 + 5 = ▢ | 57 + 9 = ▢ | 78 + 3 = ▢ |

| d) | e) | f) |
|---|---|---|
| 7 + 6 = ▢ | 5 + 7 = ▢ | 6 + 8 = ▢ |
| 67 + 6 = ▢ | 75 + 7 = ▢ | 46 + 8 = ▢ |

Seite 15 Aufgabe 2
a) 1 3 , 4 3 b) …

**3** Finde und löse zuerst die kleine Aufgabe.
Schreibe beide Aufgaben auf.

a) 36 + 7 = ▢ b) 45 + 8 = ▢ c) 87 + 5 = ▢
d) 86 + 6 = ▢ e) 74 + 7 = ▢ f) 45 + 6 = ▢
g) 58 + 4 = ▢ h) 37 + 6 = ▢ i) 69 + 7 = ▢

Seite 15 Aufgabe 3
a) 6 + 7 = 1 3 b) …
3 6 + 7 = 4 3

**4** Rechne zuerst die kleine Aufgabe im Kopf.
Löse die Aufgaben.

a) 67 + 8 = ▢ b) 38 + 4 = ▢ c) 47 + 7 = ▢
d) 45 + 5 = ▢ e) 56 + 6 = ▢ f) 78 + 7 = ▢
g) 83 + 9 = ▢ h) 75 + 8 = ▢ i) 64 + 7 = ▢

Seite 15 Aufgabe 4
a) 6 7 + 8 = 7 5 b) …

* übertragen ihre bisherigen Kenntnisse und Vorgehensweise auf den erweiterten Zahlenraum
* nutzen Rechenstrategien

# Plusaufgaben mit dem eigenen Rechenweg lösen

**1** Wie rechnest du die Aufgabe 24 + 39?
Vergleiche mit anderen Kindern.

**2** Rechne mit deinem Rechenweg.
Schreibe deine Rechenschritte auf.

| a) | b) |
|---|---|
| 24 + 39 = | 36 + 48 = |
| 47 + 25 = | 69 + 27 = |
| 39 + 52 = | 24 + 38 = |
| 53 + 19 = | 55 + 16 = |
| 65 + 27 = | 28 + 54 = |

Seite 16 Aufgabe 2
a) … b) …

* stellen ihre Rechenwege nachvollziehbar dar und erläutern sie anderen
* übertragen eine Darstellung in eine andere
* nutzen Rechengesetze und -strategien

**1** Rechne mit deinem Rechenweg. Schreibe deine Rechenschritte auf.

a) 68 + 26 = ▢
25 + 37 = ▢
74 + 17 = ▢

b) 69 + 18 = ▢
24 + 69 = ▢
29 + 37 = ▢

c) 58 + 15 = ▢
65 + 28 = ▢
29 + 13 = ▢

Seite 17 Aufgabe 1
a) 6 8 + 2 6 = … b) …
…
⋮

**2** Finde die 4 falschen Aufgaben.
Schreibe sie mit dem richtigen Ergebnis auf.

a) 44 + 18 = 62
47 + 45 = 29
27 + 55 = 82
36 + 45 = 18

b) 38 + 23 = 61
36 + 48 = 74
49 + 32 = 81
28 + 34 = 52

Seite 17 Aufgabe 2
a) 4 7 + 4 5 = 9 2 b) …
⋮

**3** Du findest bei den Aufgaben 2 a) und 2 b) jeweils gleiche Fehler. Schreibe auf, was falsch gemacht wurde. Besprich mit einem anderen Kind, was du entdeckt hast.

Seite 17 Aufgabe 3
…

**4**

Schreibe zu dem Bild eine Rechengeschichte. Finde eine Frage, Rechnung und Antwort dazu und schreibe sie auf.
Besprich mit einem anderen Kind wie du vorgegangen bist und welche Ergebnisse du herausgefunden hast.

Seite 17 Aufgabe 4
…

⋆ lösen Plusaufgaben im Zahlenraum bis 100 unter Nutzung ihrer individuellen Vorgehensweise
⋆ finden mathematische Lösungen zu Sachsituationen
⋆ überprüfen Ergebnisse, finden, erklären und korrigieren Fehler

# Plusaufgaben üben (1)

**1** Löse die Aufgaben. Setze die Zeichen >, < oder = passend ein.

a) 48 + 14 ◯ 68
59 + 28 ◯ 87
27 + 68 ◯ 93

b) 25 + 16 ◯ 37 + 15
47 + 25 ◯ 38 + 36
39 + 26 ◯ 21 + 44

Seite 18 Aufgabe 1
a) 48 + 14 < 68 b) …
⋮

**2** Löse die Aufgaben.
Schreibe die Aufgaben und passende Zahlen in dein Heft.

a) 39 + 39 > ☐
68 + 16 = ☐
38 + 27 < ☐

b) 54 + 18 = ☐ + 15
29 + ☐ = 36 + 47
☐ + 46 = ☐ + 23

Seite 18 Aufgabe 2
a) 39 + 39 > … b) …
⋮

**3** Löse die Aufgabenreihen. Setze die Reihen fort.

a) 16 + 18 = ☐
26 + 18 = ☐
36 + 18 = ☐
⋮

b) 27 + 33 = ☐
27 + 34 = ☐
27 + 35 = ☐
⋮

c) 12 + 29 = ☐
13 + 28 = ☐
14 + 27 = ☐
⋮

d) 79 + 13 = ☐
68 + 24 = ☐
57 + 35 = ☐
⋮

Seite 18 Aufgabe 3
a) 16 + 18 = 34 b) …
⋮

e) Besprich mit einem anderen Kind, was dir auffällt.

**4** Löse die Aufgabenpaare. Finde selbst weitere Paare.
Besprich dein Vorgehen mit einem anderen Kind.

a) 24 + 53 = ☐
23 + 54 = ☐

38 + 25 = ☐
35 + 28 = ☐

68 + 24 = ☐
64 + 28 = ☐
⋮

b) 46 + 27 = ☐
48 + 25 = ☐

55 + 28 = ☐
57 + 26 = ☐

77 + 15 = ☐
79 + 13 = ☐
⋮

Seite 18 Aufgabe 4
a) 24 + 53 = 77 b) …
23 + 54 = 77
⋮

* denken über mathematische Beziehungen und Auffälligkeiten nach
* überprüfen ihre Vermutungen und vollziehen ihre Überlegungen an eigenen Beispielen nach
* lösen Plusaufgaben unter Nutzung von Rechengesetzen und -strategien



→ AH Seite 27

**1** Zeichne die Zahlenmauern in dein Heft und ergänze sie.

a)

b)

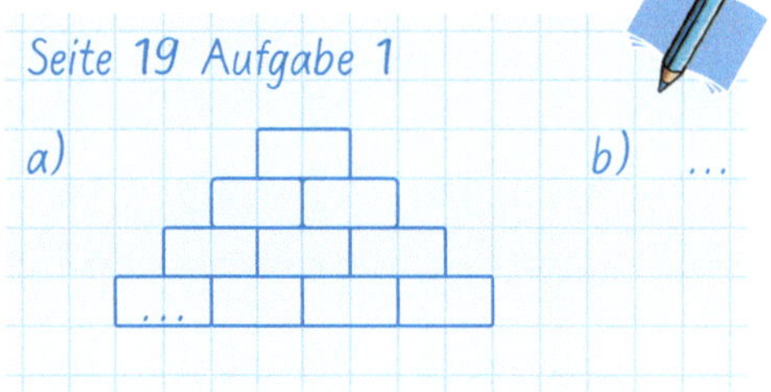


c)

d)

**2** Finde immer die Aufgaben mit dem gleichen Ergebnis.
Schreibe sie nebeneinander.

a)

| | | |
|---|---|---|
| 26 + 35 | 36 + 39 | 48 + 27 |
| 36 + 58 | 43 + 18 | 67 + 27 |
| 62 + 29 | 57 + 34 | |

b)

| | | |
|---|---|---|
| 45 + 47 | 38 + 45 | 54 + 29 |
| 18 + 39 | 59 + 16 | 64 + 28 |
| 37 + 38 | 29 + 28 | |

*Seite 19 Aufgabe 2*

*a) 26 + 35 = 61 43 + 18 = 61*

*⋮*

*b) ...*

**3** Bilde alle möglichen Plusaufgaben. Schreibe sie auf und löse sie.

a)

| | | |
|---|---|---|
| 17 | | 25 |
| 38 | + | 53 |
| 46 | | 27 |
| 25 | | 34 |

b)

| | | |
|---|---|---|
| 24 | | 43 |
| 57 | + | 16 |
| 45 | | 25 |
| 36 | | 37 |

*Seite 19 Aufgabe 3*

*a) 17 + 25 = 42*

*⋮*

*b) ...*

## Mit Viererfeldern rechnen

| Mo | Di | Mi | Do | Fr | Sa | So |
|---|---|---|---|---|---|---|
| | | | | | 1 | 2 |
| 3 | 4 | 5 | 6 | 7 | 8 | 9 |
| 10 | 11 | 12 | 13 | 14 | 15 | 16 |
| 17 | 18 | 19 | 20 | 21 | 22 | 23 |
| 24 | 25 | 26 | 27 | 28 | 29 | 30 |
| 31 | | | | | | |

**1** Suche in dem Kalenderblatt oben verschiedene Viererfelder. Übertrage sie ins Heft. Rechne jeweils über Kreuz die Zahlen zusammen.

a) 5 ▢ / ▢ ▢

▢ + ▢ = ▢

▢ + ▢ = ▢

b) ▢ ▢ / ▢ 27

▢ + ▢ = ▢

▢ + ▢ = ▢

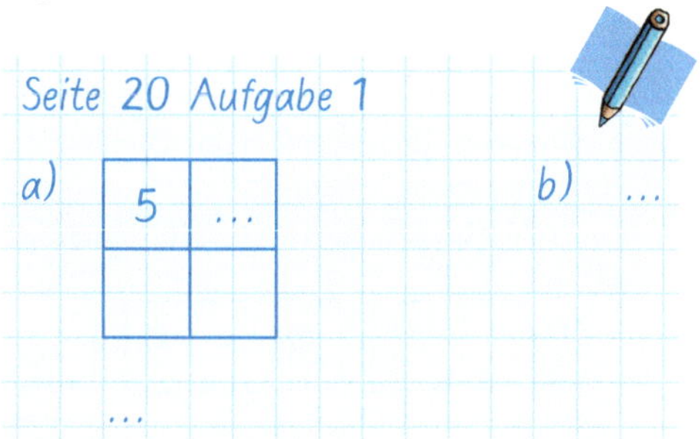


c) Besprich mit einem anderen Kind, was dir auffällt.

**2** Suche in dem Kalenderblatt oben verschiedene Viererfelder, die diese Ergebnisse haben. Übertrage sie ins Heft und rechne sie aus.

a) ▢ ▢ / ▢ ▢

▢ + ▢ = 20

▢ + ▢ = 20

b) ▢ ▢ / ▢ ▢

▢ + ▢ = 48

▢ + ▢ = 48

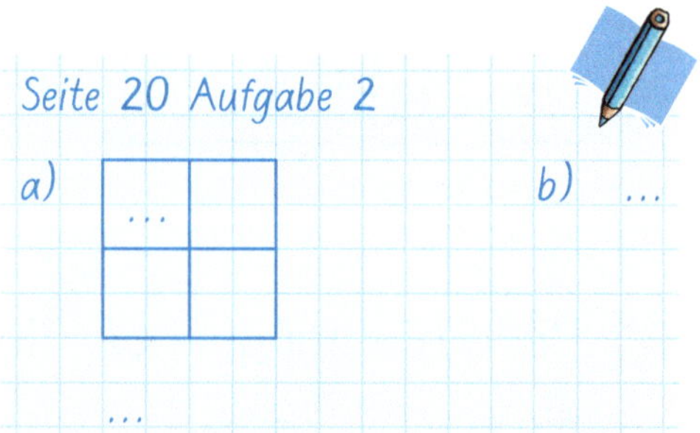


c) Erkläre einem anderen Kind, warum sich jeweils die gleiche Summe ergibt.

**3** Finde weitere Viererfelder mit anderen Ergebnissen. Vergleiche mit anderen Kindern.

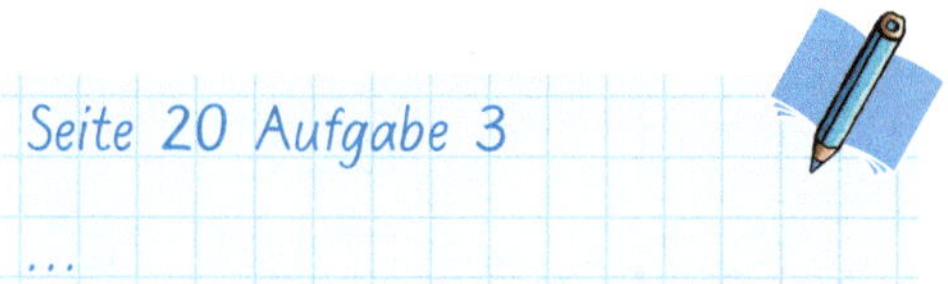




* denken über mathematische Beziehungen nach
* überprüfen ihre Vermutungen anhand von Beispielen

## Den eigenen Weg finden

1. Löse die Aufgabe 58 – 25.
Probiere mindestens drei verschiedene Hilfsmittel aus, die du bei den Kindern siehst.

2. Entscheide, mit welchen Hilfsmitteln du die Aufgabe lösen kannst.
Vergleiche mit anderen Kindern.

**1** Suche dir ein anderes Kind.
Legt die Minusaufgaben, zeichnet Rechenbilder und findet die Lösungen.

47 – 23

58 – 35

76 – 14

64 – 21

39 – 17

**2** Schreibe zu jedem Rechenbild eine Minusaufgabe.

a) 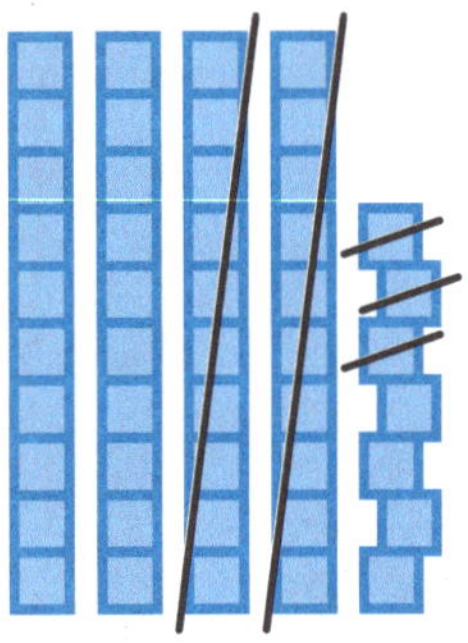

b) 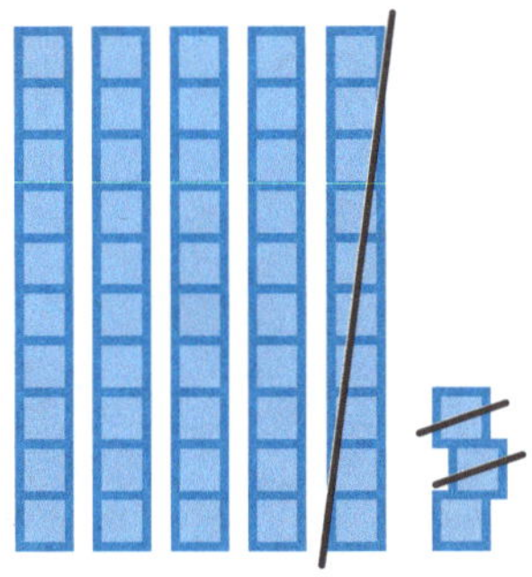

c) 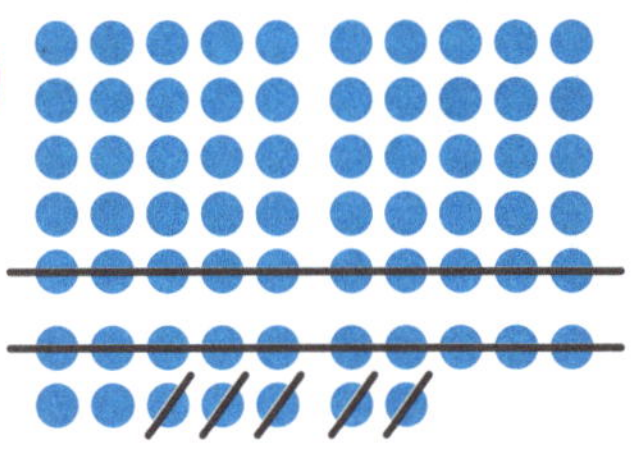

d) 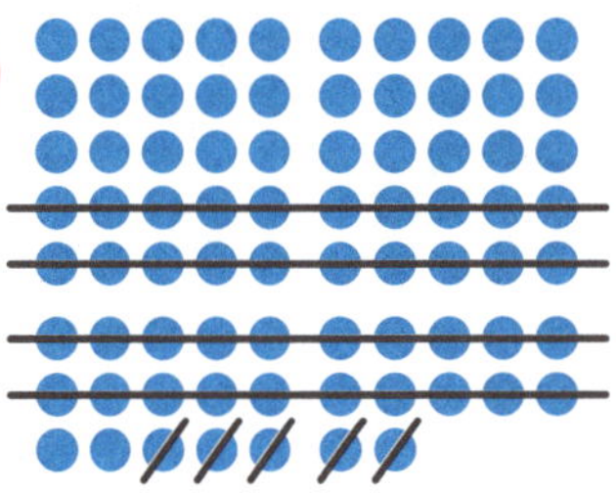

e) 

f) 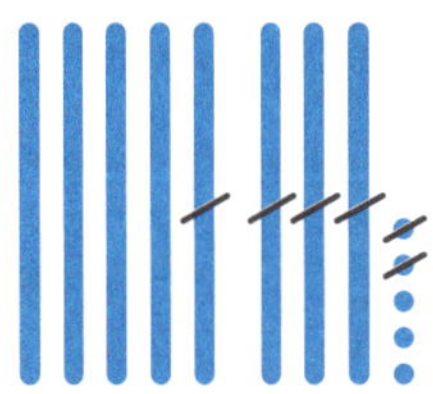

*Seite 22 Aufgabe 2*
*a) 47 – 23 = 24 b) …*

**3** Zeichne Rechenbilder und löse die Aufgaben.

a) 65 – 34 = ▢ b) 56 – 23 = ▢

c) 38 – 16 = ▢ d) 87 – 43 = ▢

e) 48 – 21 = ▢ f) 95 – 52 = ▢

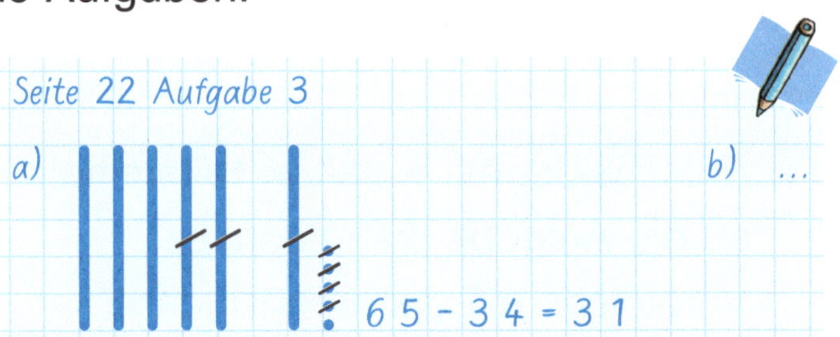


* übertragen eine Darstellung in eine andere
* übertragen ihre bisherigen Kenntnisse und Vorgehensweisen auf den erweiterten Zahlenraum
* entwickeln und nutzen ihre Lösungswege mit geeigneten Darstellungsformen und stellen diese anderen vor

# Minusaufgaben am Rechenstrich in Schritten lösen

**1** Wie rechnest du die Aufgabe 73 − 31?
Vergleiche mit anderen Kindern.

**2** Lies die Aufgaben am Rechenstrich ab.
Schreibe die Rechenschritte auf.

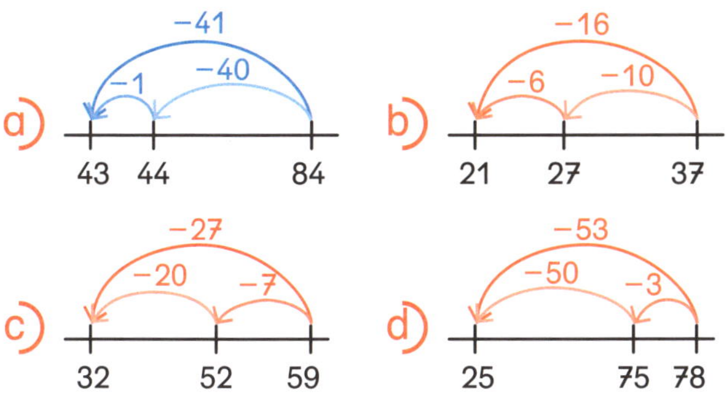


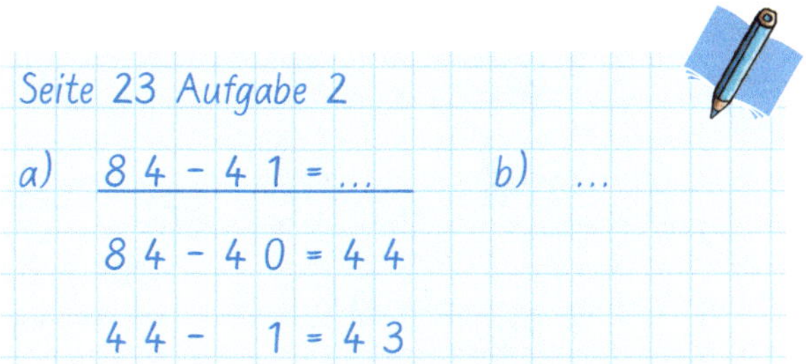


**3** Löse die Aufgaben. Stelle deine Rechenschritte am Rechenstrich dar.
Schreibe die Rechenschritte auf.

a) 65 − 41 = ▢  b) 89 − 36 = ▢
c) 43 − 21 = ▢  d) 66 − 33 = ▢
e) 58 − 25 = ▢  f) 96 − 23 = ▢

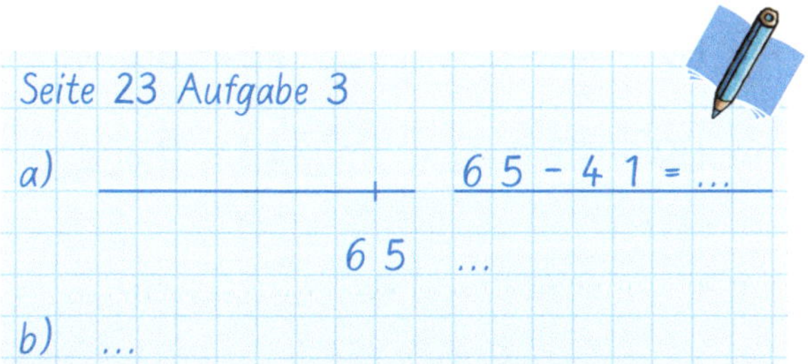


* stellen ihre Rechenwege nachvollziehbar dar und erläutern sie anderen
* übertragen eine Darstellung in eine andere
* nutzen Rechengesetze und -strategien

→ AH Seiten 28 und 29

# Minusaufgaben mit Pfeilbildern in Schritten lösen

**1** Lies die Aufgaben an den Pfeilbildern ab.
Schreibe die Rechenschritte auf.

a) 57 −34→ 23; −30 ↘ 27 ↗ −4

b) 96 −65→ 31; −60 ↘ 36 ↗ −5

c) 84 −41→ 43; −1 ↘ 83 ↗ −40

d) 75 −24→ 51; −4 ↘ 71 ↗ −20

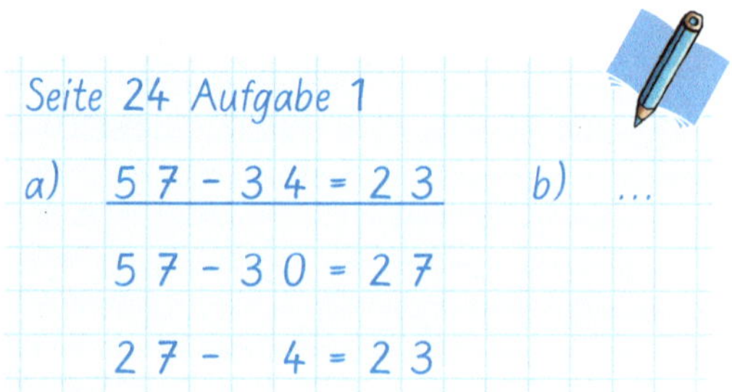


**2** Stelle deine Rechenschritte in einem Pfeilbild dar.
Schreibe die Rechenschritte auf.

a) 56 − 23 = ▢
b) 98 − 45 = ▢
c) 87 − 44 = ▢
d) 78 − 35 = ▢
e) 69 − 17 = ▢
f) 43 − 22 = ▢

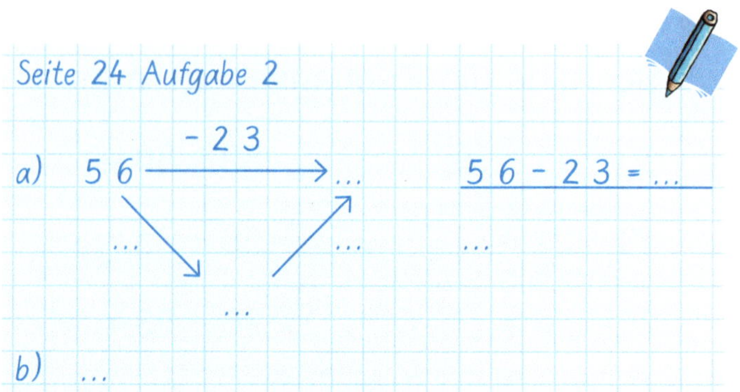


* entscheiden sich für ihr individuelles Vorgehen beim Minusrechnen von Zehner-/Einer-Zahlen
* übertragen eine Darstellung in eine andere
* nutzen Rechengesetze und -strategien

**1** Rechne mit deinem Rechenweg.

a)
89 − 22 =
76 − 41 =
96 − 53 =
67 − 25 =

b)
79 − 34 =
95 − 61 =
88 − 33 =
57 − 16 =

c)
84 − 44 =
59 − 32 =
55 − 43 =
47 − 35 =

d)
79 − 58 =
83 − 72 =
96 − 55 =
89 − 42 =

Seite 25 Aufgabe 1
a) … b) …

**2** Ordne Aufgaben und Ergebnisse passend zu.

| 55 − 21 | 78 − 52 | 39 − 16 |
|---|---|---|
| 46 − 33 | 89 − 44 | 75 − 32 |
| 67 − 42 | 99 − 28 | 56 − 42 |
| 37 − 16 | 59 − 23 | |

| 25 | 71 | 26 | 34 | 13 | 43 |
|---|---|---|---|---|---|
| 14 | 36 | 45 | 21 | 23 | 46 |

Seite 25 Aufgabe 2
55 − 21 = 34
⋮

**3** Kontrolliere die Ergebnisse. In jedem Päckchen findest du zwei falsch gelöste Aufgaben. Schreibe sie mit dem richtigen Ergebnis auf.

a)
96 − 24 = 72
89 − 37 = 53
85 − 23 = 62
49 − 16 = 31

b)
78 − 34 = 42
58 − 25 = 33
67 − 34 = 32
66 − 21 = 45

Seite 25 Aufgabe 3
a) 89 − 37 = 52 b) …
⋮

**4** Löse die Kettenaufgaben im Kopf. Notiere das Ergebnis.

a) 68 − 25 − 10 − 21 =
b) 97 − 40 − 12 − 25 =
c) 86 − 34 − 30 − 20 =
d) 75 − 20 − 13 − 31 =

Seite 25 Aufgabe 4
a) 12 b) …

⋆ lösen Minusaufgaben im Zahlenraum bis 100 unter Nutzung ihrer eigenen Vorgehensweise
⋆ nutzen Rechengesetze für vorteilhaftes Rechnen
⋆ überprüfen Ergebnisse, finden und korrigieren Fehler

# Minusaufgaben mit Einern über den Zehner hinweg üben

**1** Löse die Aufgaben. Schreibe das Ergebnis auf. Kontrolliere selbst.
Alle richtigen Ergebnisse findest du in den Sternen.

| a) | b) | c) |
|---|---|---|
| 11 − 8 = | 16 − 7 = | 11 − 6 = |
| 13 − 6 = | 13 − 9 = | 13 − 7 = |
| 15 − 7 = | 12 − 6 = | 12 − 9 = |
| 14 − 8 = | 13 − 8 = | 16 − 8 = |
| 12 − 7 = | 14 − 7 = | 15 − 6 = |

Stern a): 6, 3, 7, 5, 8
Stern b): 7, 6, 5, 9, 4
Stern c): 3, 6, 9, 8, 5

Seite 26 Aufgabe 1
a) 3 ✓, …
b) …

**2** Löse die verwandten Aufgabenpaare.
Schreibe die Ergebnisse auf.

| a) | b) | c) |
|---|---|---|
| 13 − 7 = | 11 − 5 = | 12 − 7 = |
| 33 − 7 = | 61 − 5 = | 52 − 7 = |

| d) | e) | f) |
|---|---|---|
| 14 − 6 = | 12 − 4 = | 15 − 8 = |
| 84 − 6 = | 42 − 4 = | 75 − 8 = |

Seite 26 Aufgabe 2
a) 6, 26 b) …

**3** Finde und löse zuerst die kleine Aufgabe.
Schreibe beide Aufgaben auf.

| | | |
|---|---|---|
| a) 63 − 6 = | b) 34 − 7 = | c) 52 − 5 = |
| d) 76 − 8 = | e) 43 − 7 = | f) 82 − 6 = |
| g) 65 − 9 = | h) 91 − 4 = | i) 73 − 8 = |

Seite 26 Aufgabe 3
a) 13 − 6 = 7 b) …
63 − 6 = 57

**4** Berechne die kleinen Aufgaben im Kopf.
Löse die Aufgaben.

| | | |
|---|---|---|
| a) 41 − 4 = | b) 62 − 8 = | c) 73 − 5 = |
| d) 83 − 8 = | e) 34 − 6 = | f) 52 − 7 = |
| g) 54 − 5 = | h) 92 − 7 = | i) 23 − 8 = |

Seite 26 Aufgabe 4
a) 41 − 4 = 37 b) …

* übertragen ihre bisherigen Kenntnisse und Vorgehensweise auf den erweiterten Zahlenraum
* nutzen Rechenstrategien

# Minusaufgaben mit dem eigenen Rechenweg lösen

**1** Wie rechnest du die Aufgabe 54 – 29?
Vergleiche mit anderen Kindern.

**2** Rechne mit deinem Rechenweg. Zeichne oder schreibe ihn auf.

a) 54 – 29 = ▢
45 – 37 = ▢
62 – 49 = ▢
83 – 46 = ▢
76 – 27 = ▢

b) 96 – 58 = ▢
77 – 49 = ▢
32 – 18 = ▢
51 – 25 = ▢
63 – 17 = ▢

Seite 27 Aufgabe 2
a) … b) …

* stellen ihre Rechenwege nachvollziehbar dar und erläutern sie anderen
* übertragen eine Darstellung in eine andere
* nutzen Rechengesetze und -strategien

**1** Rechne mit deinem Rechenweg. Schreibe deine Rechenschritte auf.

a) 32 – 17 = ▢
53 – 25 = ▢
71 – 36 = ▢

b) 72 – 28 = ▢
53 – 17 = ▢
45 – 36 = ▢

c) 64 – 35 = ▢
82 – 44 = ▢
93 – 25 = ▢

Seite 28 Aufgabe 1
a) 3 2 – 1 7 = ... b) ...
...
⋮

**2** Finde die vier falschen Aufgaben.
Schreibe sie mit dem richtigem Ergebnis auf.

a) 43 – 18 = 25
31 – 17 = 41
66 – 38 = 82
94 – 68 = 26

b) 81 – 25 = 65
73 – 35 = 38
55 – 36 = 91
64 – 36 = 28

Seite 28 Aufgabe 2
a) 3 1 – 1 7 = 1 4 b) ...
⋮

**3** Bei Aufgabe **2** findest du jeweils gleiche Fehler. Schreibe auf, was falsch gemacht wurde. Besprich mit einem anderen Kind, was du entdeckt hast.

Seite 28 Aufgabe 3
...

**4**

Schreibe zu dem Bild eine Rechengeschichte. Finde eine Frage, Rechnung und Antwort dazu und schreibe sie auf.
Besprich mit einem anderen Kind wie du vorgegangen bist und welche Ergebnisse du herausgefunden hast.

Seite 28 Aufgabe 4
...

* lösen Minusaufgaben im Zahlenraum bis 100 unter Nutzung ihrer eigenen Vorgehensweise
* finden mathematische Lösungen zu Sachsituationen
* überprüfen Ergebnisse, finden, erklären und korrigieren Fehler



→ AH Seite 30

# Minusaufgaben üben

**1** Löse die Aufgaben. Setze die Zeichen >, < oder = passend ein.

a) 74 – 26 ○ 50
82 – 37 ○ 43
95 – 38 ○ 57

b) 44 – 27 ○ 36 – 19
94 – 36 ○ 74 – 28
55 – 28 ○ 92 – 68

*Seite 29 Aufgabe 1*
*a) 74 – 26 < 50    b) …*
*⋮*

**2** Löse die Aufgaben.
Schreibe die Aufgaben und passende Zahlen in dein Heft.

a) 42 – 26 < ☐
54 – 38 > ☐
75 – 47 = ☐

b) 94 – 36 = ☐ – 15
73 – ☐ = 95 – 48
☐ – 37 = ☐ – 23

*Seite 29 Aufgabe 2*
*a) 42 – 26 < …    b) …*
*⋮*

**3** Löse die Aufgabenreihen. Setze die Reihen fort.

a) 93 – 67 = ☐
83 – 57 = ☐
73 – 47 = ☐
⋮

b) 71 – 29 = ☐
72 – 29 = ☐
73 – 29 = ☐
⋮

*Seite 29 Aufgabe 3*
*a) 93 – 67 = 26    b) …*
*⋮*

c) 72 – 32 = ☐
72 – 33 = ☐
72 – 34 = ☐
⋮

d) 42 – 24 = ☐
44 – 22 = ☐
46 – 20 = ☐
⋮

e) Besprich mit einem anderen Kind, was dir auffällt.

**4** Löse die Aufgabenpaare. Finde selbst weitere Paare.

a) 52 – 26 = ☐
54 – 28 = ☐

35 – 27 = ☐
37 – 29 = ☐
⋮

b) 63 – 27 = ☐
61 – 25 = ☐

52 – 25 = ☐
50 – 23 = ☐
⋮

*Seite 29 Aufgabe 4*
*a) 52 – 26 = 26    b) …*
*54 – 28 = 26*
*⋮*

**5** Erkläre einem anderen Kind, warum die Aufgaben in Aufgabe 4 Paare sind.

# Minusaufgaben mit Ziffernkarten

**1** 2 5 3 Bilde aus diesen Ziffernkärtchen sechs verschiedene zweistellige Zahlen.

Seite 30 Aufgabe 1
25, 23, ...

**2** Stelle aus den verschiedenen Zahlen von Aufgabe 1 alle Minusaufgaben zusammen.

a) Schreibe sie in dein Heft.

b) Bestimme die Ergebnisse.
Du musst nicht alle Aufgaben ausrechnen.
Überlege, warum.
Sprich mit einem anderen Kind darüber.

Seite 30 Aufgabe 2
...

**3** 0 1 2 3 4 5 6 7 8 9

Bilde aus jeweils zwei Ziffernkärtchen zweistellige Zahlen.

a) Rechne Minusaufgaben mit diesen Zahlen.

b) Unterstreiche die Ergebnisse deiner Aufgaben.

c) Besprich mit einem anderen Kind, was dir an den Ergebnissen auffällt.

Seite 30 Aufgabe 3
a) 98 - 10 = ... b) ...
⋮

**4** Bilde aus den Ziffernkärtchen jeweils die größte und die kleinste zweistellige Zahl und schreibe Minusaufgaben auf.

a) 4 7 3 b) 8 3 2 c) 7 6 9

Seite 30 Aufgabe 4
a) 74 - 34 = ... b) ...
⋮



⋆ probieren systematisch und nutzen die Strategie zur Problemlösung
⋆ stellen Vermutungen über Zusammenhänge an

# Mit der Umkehraufgabe Ergebnisse kontrollieren

**1** Schreibe die Plusaufgaben mit Ergebnis und die passenden Umkehraufgaben auf.

a) 26 $\underset{-28}{\overset{+28}{\rightleftarrows}}$ ▢  b) 18 $\underset{-34}{\overset{+34}{\rightleftarrows}}$ ▢

c) 27 $\underset{-35}{\overset{+35}{\rightleftarrows}}$ ▢  d) 65 $\underset{-18}{\overset{+18}{\rightleftarrows}}$ ▢

*Seite 31 Aufgabe 1*
*a) 26 + 28 = 54  b) ...*
*54 − 28 = 26*

**2** Schreibe die Minusaufgaben mit Ergebnis und die passenden Umkehraufgaben auf.

a) 54 $\underset{+28}{\overset{-28}{\rightleftarrows}}$ ▢  b) 46 $\underset{+29}{\overset{-29}{\rightleftarrows}}$ ▢

c) 52 $\underset{+36}{\overset{-36}{\rightleftarrows}}$ ▢  d) 91 $\underset{+44}{\overset{-44}{\rightleftarrows}}$ ▢

*Seite 31 Aufgabe 2*
*a) 54 − 28 = 26  b) ...*
*26 + 28 = 54*

**3** Löse die Aufgaben.
Kontrolliere selbst mit Hilfe der Umkehraufgabe.

| a) | b) |
|---|---|
| 45 + 28 = ▢ | 57 + 28 = ▢ |
| 36 + 25 = ▢ | 39 + 46 = ▢ |
| 48 + 24 = ▢ | 48 + 19 = ▢ |
| 24 + 37 = ▢ | 69 + 25 = ▢ |

| c) | d) |
|---|---|
| 56 − 38 = ▢ | 74 − 28 = ▢ |
| 72 − 26 = ▢ | 31 − 18 = ▢ |
| 64 − 17 = ▢ | 85 − 37 = ▢ |
| 91 − 53 = ▢ | 46 − 28 = ▢ |

*Seite 31 Aufgabe 3*
*a) 45 + 28 = 73, denn 73 − 28 = 45*
*⋮*
*b) ...*
*c) 56 − 38 = 18, denn 18 + 38 = 56*
*⋮*
*d) ...*

⋆ entdecken, nutzen und beschreiben die Umkehrbarkeit von Plus- und Minusaufgaben an Beispielen
⋆ überprüfen ihre Ergebnisse durch die Ergebnisse der jeweiligen Umkehraufgabe

# Plus- und Minusaufgaben üben

**1** Rechne mit deinem Rechenweg.

a) 28 + 34 =
65 + 28 =
43 + 49 =
36 + 57 =

b) 76 − 47 =
51 − 23 =
63 − 39 =
92 − 65 =

c) 69 + 23 =
93 − 48 =
36 + 36 =
58 − 29 =

d) 93 − 64 =
54 + 28 =
84 − 35 =
28 + 47 =

Seite 32 Aufgabe 1
a) 2 8 + 3 4 = 6 2
⋮
b) ...

**2** Schreibe die Aufgaben und löse sie.

a)

| + | 36 | 18 | 27 | 45 | 53 |
|---|---|---|---|---|---|
| 46 | | | | | |
| 39 | | | | | |
| 27 | | | | | |

b)

| + | 38 | 55 | | | |
|---|---|---|---|---|---|
| 25 | | | 72 | | |
| 36 | | | | 62 | |
| 44 | | | | | 63 |

c)

| − | 47 | 25 | 38 | 56 | 18 |
|---|---|---|---|---|---|
| 82 | | | | | |
| 64 | | | | | |
| 73 | | | | | |

d)

| − | 37 | 56 | | | |
|---|---|---|---|---|---|
| 94 | | | 27 | | |
| 72 | | | | 27 | |
| 83 | | | | | 19 |

Seite 32 Aufgabe 2
a) 4 6 + 3 6 = 8 2
⋮
b) ...

**3** Schreibe die Aufgaben auf und löse sie.

a)

| + 27 → | |
|---|---|
| 34 | |
| 57 | |
| 46 | |
| | 75 |
| | 93 |

b)

| − 35 → | |
|---|---|
| 72 | |
| 64 | |
| 51 | |
| | 48 |
| | 39 |

Seite 32 Aufgabe 3
a) 3 4 + 2 7 = 6 1
5 7 + 2 7 = ...
⋮
b) ...



* lösen Aufgaben unter Nutzung individuell bevorzugter Rechengesetze und Rechenstrategien

# Plus- und Minusaufgaben lösen und kontrollieren

**1** Löse die Aufgaben. Kontrolliere selbst mit Hilfe der Umkehraufgabe.

a) 25 + 67 = ▢
58 + 26 = ▢
37 + 38 = ▢
76 + 25 = ▢

b) 49 + 34 = ▢
68 + 29 = ▢
33 + 48 = ▢
57 + 25 = ▢

c) 82 − 46 = ▢
51 − 28 = ▢
94 − 69 = ▢
63 − 35 = ▢

d) 91 − 66 = ▢
48 − 29 = ▢
71 − 54 = ▢
53 − 36 = ▢

e) 34 − 27 = ▢
56 + 36 = ▢
75 − 48 = ▢
47 + 24 = ▢

f) 35 + 59 = ▢
81 − 65 = ▢
69 + 18 = ▢
42 − 24 = ▢

*Seite 33 Aufgabe 1*

*a) 25 + 67 = 92, denn 92 − 67 = 25*

*⋮*

*b) …*

**2** Kontrolliere die Aufgaben. Rechne dazu auch die Umkehraufgaben.
Tipp: 8 Aufgaben sind falsch.

a) 63 − 24 = 39
72 − 46 = 25
71 − 35 = 36
84 − 57 = 26

b) 83 − 58 = 25
92 − 77 = 15
75 − 36 = 39
63 − 29 = 36

c) 29 + 53 = 92
57 + 27 = 94
48 + 39 = 86
39 + 45 = 84

d) 24 + 56 = 82
38 + 34 = 72
48 + 29 = 77
64 + 18 = 76

*Seite 33 Aufgabe 2*

*a) 63 − 24 = 39 ✓, denn 39 + 24 = 63*

*72 − 46 = 25 f, denn 25 + 46 = 71*

*⋮*

*b) …*

**3** Rechne und bilde selbst solche Aufgabenpaare.

a) 45 + 39 = ▢
49 + 35 = ▢

b) 39 + 53 = ▢
33 + 59 = ▢

c) ▢ + ▢ = ▢
▢ + ▢ = ▢

d) ▢ + ▢ = ▢
▢ + ▢ = ▢

*Seite 33 Aufgabe 3*

*a) 45 + 39 = 84*

*49 + 35 = 84*

*b) …*

→ AH Seite 31

⋆ nutzen die Umkehraufgabe zur Ergebniskontrolle
⋆ erproben geschicktes Vorgehen, beschreiben und begründen ihre Vorgehensweise

## Rätsel- und Knobelaufgaben lösen

**1** Schreibe die Lösungen der Zahlenrätsel auf.
Alle richtigen Ergebnisse findest du in den Sternen am Rand.

a) Meine Zahl ist das Doppelte von 16.

Seite 34 Aufgabe 1
a) 16 + 16 = 32 b) …

b) Meine Zahl ist um 15 kleiner als 73.

c) Meine Zahl ist der Unterschied von 39 und 26.

d) Meine Zahl erhältst du, wenn du zu 26 noch 12 dazurechnest.

e) Meine Zahl erhältst du, wenn du den Unterschied von 36 und 24 verdoppelst.

f) Meine Zahl ist die Hälfte von 88.

g) Meine Zahl ist um 16 größer als 58.

h) Meine Zahl ist das Ergebnis von 94 – 27.

i) Meine Zahl erhältst du, wenn du den Unterschied von 36 und 24 halbierst.

k) Meine Zahl erhältst du, wenn du den Unterschied von 40 und 30 und den Unterschied von 75 und 50 zusammenzählst.

24 32 67 35 6 38 13 74 44 58

**2** Finde passende Ziffernkarten.
Schreibe verschiedene Aufgaben auf.

1 2 3 4 5 6 7 8 9 0

40 + 17 = 57
oder 42 + 15 = 57
oder …

a) ▯▯ + ▯▯ = 57 b) ▯▯ – ▯▯ = 35

c) ▯▯ – ▯▯ = 42 d) ▯▯ ● ▯▯ = ▯

Seite 34 Aufgabe 2
a) …

**3** Alle Kinder in deiner Klasse haben jetzt ihre Mathesachen ausgepackt.
Überlege, wie viele Schulsachen noch in allen Schulranzen sind.
Sammle Informationen, die dir weiterhelfen, wie z. B.:
Wie viele Kinder sind heute da? Welche Fächer haben wir heute?
Überlege dir weitere Hilfsfragen.
Schreibe die nötigen Informationen, die Rechenschritte und die Antwort auf.
Besprich mit einem anderen Kind wie du vorgegangen bist und welche Ergebnisse du herausgefunden hast.

- übersetzen Problemstellungen aus Sachsituationen in die Sprache der Mathematik
- verwenden Fachbegriffe richtig
- probieren systematisch und nutzen die Einsicht in Zusammenhänge zur Problemlösung

# Plus- und Minusaufgaben zusammenstellen und lösen

**1** Finde zu 3 Zahlen
2 Plusaufgaben
und 2 Minusaufgaben.
Schreibe sie auf.

a) 89 75 14 b) 28 52 24

c) 63 8 ? d) 16 71 ?

Seite 35 Aufgabe 1

a) 75 + 14 = 89 b) ...
14 + 75 = 89
89 − 75 = 14
89 − 14 = 75

**2** Stelle Plus- und Minusaufgaben zusammen und löse sie.
Richtige Ergebnisse findest du in den Sternen.
Tipp: In jedem Haus kannst du 9 Aufgaben finden.

a)

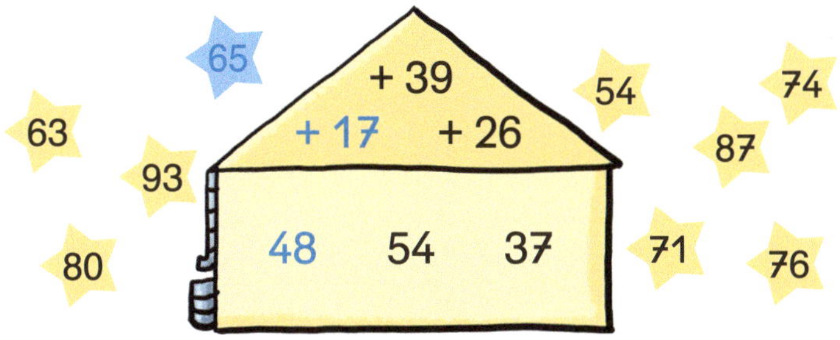


Seite 35 Aufgabe 2

a) 48 + 17 = 65 b) ...
⋮

b)

**3** Jedes Zeichen steht für eine Zahl von 1 bis 9. Finde Zahlen, so dass alle Rechnungen stimmen. Probiere. Schreibe zum Schluss die Rechnungen auf. Tipp: Es gibt mehrere richtige Lösungen.

a) ■■ + ▲ = ■● b) ◆◆ − ■ = ◆▬

c) ■▲ + ▲ = ■■ d) ◆◆ − ▬ = ◆■

c) ■▲ + ▲■ = ●● f) ◆◆ − ■■ = ▬▬

Seite 35 Aufgabe 3

□ = ... △ = ...
○ = ... ◇ = ... ▭ = ...
a) ...

⋆ nutzen Tauch- und Umkehraufgaben beim Zusammenstellen und Lösen von Aufgaben
⋆ probieren systematisch und nutzen die Einsicht in Zusammenhänge zur Problemlösung

# Knobelaufgaben lösen

## Magische Quadrate

Magische Quadrate wurden vor einigen tausend Jahren in China und Indien entdeckt.

| | | |
|---|---|---|
| 4 | 9 | 2 |
| 3 | 5 | 7 |
| 8 | 1 | 6 |

| | | | |
|---|---|---|---|
| 1 | 14 | 15 | 4 |
| 12 | 7 | 6 | 9 |
| 8 | 11 | 10 | 5 |
| 13 | 2 | 3 | 16 |

**1** Ergänze magische Quadrate.

a) Finde heraus, was das Besondere an den magischen Quadraten ist. Du kannst dich mit anderen Kindern besprechen.

Tipp: Betrachte die Zeilen, die Spalten und die Diagonalen.

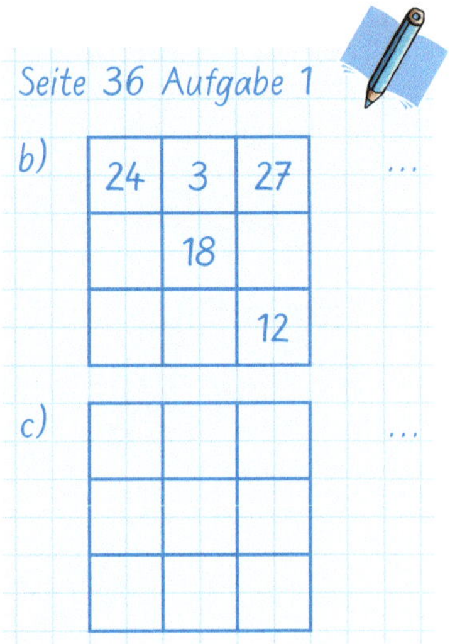


b) Übertrage die angefangenen magischen Quadrate in dein Heft und ergänze fehlende Zahlen.

| | | |
|---|---|---|
| 24 | | 27 |
| | 18 | |
| | | 12 |

| | | |
|---|---|---|
| 9 | 14 | |
| | 10 | 12 |
| | 6 | |

| | | |
|---|---|---|
| | | 25 |
| | 28 | |
| 31 | | 29 |

c) Denke dir selbst magische Quadrate aus und zeichne sie auf. Stelle sie anderen Kindern vor.

**2** Einstern hat die Zahlen 1, 2, 3, 4 und 5 in verschiedene Sterne verzaubert.

Finde mit Hilfe der Aufgaben heraus, welche Zahl in welchen Stern verzaubert wurde.

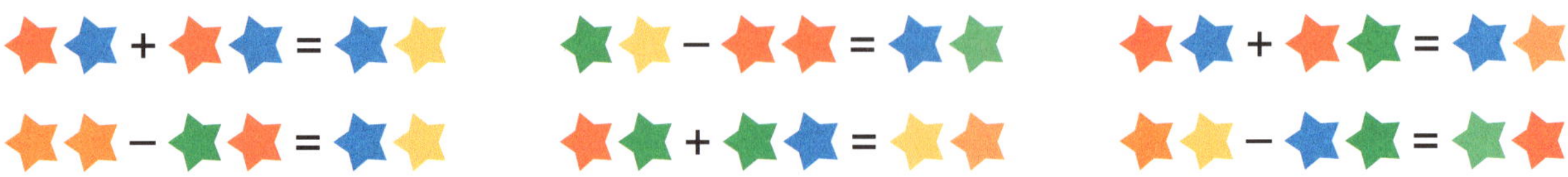

* denken über mathematische Beziehungen und Auffälligkeiten nach
* bestätigen oder widerlegen ihre Vermutungen durch Beispiele
* probieren systematisch und nutzen die Einsicht in Zusammenhänge zur Problemlösung

**1** Ordne den Situationen ⊕ oder ⊖ zu.

a) Schreibe die passenden Handlungen und Rechnungen auf.

A

B

C

D

E

b) Schreibe die passenden Handlungen und eine mögliche Rechnung dazu auf.

F

G

* entnehmen bildlichen Darstellungen die relevanten Informationen und geben diese in eigenen Worten wieder
* ordnen Sachsituationen den Grundrechenarten zu

# Zu Rechengeschichten Fragen, Rechnungen, Antworten finden (1)

**1** Finde zu jeder Rechengeschichte die Rechnung und die Antwort.

a) Tim möchte das Auto und das Puzzle kaufen. Was kostet das zusammen?

b) Lena sucht sich 2 CDs und das Puzzle aus. Kann es sein, dass sie dafür 95 € bezahlt?

c) Maja kauft den MP3-Player. Sie bezahlt mit einem 50-€-Schein. Wie viel bekommt Maja zurück?

d) Max kauft das Lexikon für 9 €. Anne kauft etwas, das doppelt so teuer ist. Was kauft Anne?

*Seite 38 Aufgabe 1*
*a) R: 17 € + 8 € = 25 €*
*A: Zusammen kostet es 25 €.*
*b) ...*

**2** Finde zu jeder Rechengeschichte eine Frage, eine Rechnung und eine Antwort.

a) Lea wünscht sich das Fahrrad und den Teddy.

b) Patrick kauft ein Buch, das Lexikon und das Puzzle.

c) Lena kauft das Auto. Sie bezahlt mit einem 20-€-Schein.

d) Sofie kauft das Puzzle für 8 €. Paul kauft etwas, das nur halb so viel kostet.

*Seite 38 Aufgabe 2*
*a) F: Was kostet das zusammen?*
*R: 45 € + 6 € = 51 €*
*A: Zusammen kostet es 51 €.*
*b) ...*

**3** Überlege dir selbst eine Rechengeschichte. Schreibe sie auf.

*Seite 38 Aufgabe 3*
*...*

✶ entnehmen aus Bildern Informationen und formulieren dazu mathematische Fragen und Aufgaben und lösen sie
✶ übersetzen Problemstellungen in die Sprache der Mathematik und lösen sie

**1** Ordne den Rechengeschichten ⊕ oder ⊖ zu.
Schreibe die Handlungen auf.

a) In der Gruppe arbeiten 8 Kinder. 3 Kinder kommen noch dazu.

*Seite 39 Aufgabe 1*
*a) ⊕ dazukommen b) ...*

b) Auf der Fensterbank stehen 7 Blumentöpfe. Leider gehen 3 Blumentöpfe kaputt.

c) Im Regal stehen 30 Wörterbücher. 17 Kinder holen sich je ein Wörterbuch.

d) An der Wand hängen 26 Bilder. Maja hängt noch 13 Bilder dazu.

e) Anne hat 56 Fußballsticker. 13 Sticker schenkt sie ihrer Freundin.

f) Max hat 36 Buntstifte. 12 Buntstifte leiht er seinem Freund.

g) Im Regal stehen 25 Bücher. Patrick stellt noch 11 Bücher dazu.

**2** Finde zu den Rechengeschichten in Aufgabe **1** die passenden Fragen, Rechnungen und Antworten. Schreibe sie auf.

*Seite 39 Aufgabe 2*
*F: ...*
*R: ...*
*A: ...*

**3** Überlege dir Rechengeschichten zu Plus- und Minusaufgaben. Schreibe sie auf.

*Seite 39 Aufgabe 3*
*...*

* entnehmen kurzen Texten die für die Lösung relevanten Informationen
* übersetzen Problemstellungen aus Sachsituationen in die Sprache der Mathematik
* formulieren zu vorgegebenen Rechenoperationen Rechengeschichten und zeigen Zusammenhänge auf

# Zu Rechengeschichten Fragen, Rechnungen, Antworten finden (2)

**1** Finde zu jeder Rechengeschichte eine passende Frage, Rechnung und Antwort. Schreibe sie auf. Lena, Maja, Janek und Tim gehen mit Majas und mit Tims Vater zum Volksfest.

*Seite 40 Aufgabe 1*
*a) F: … b) …*
*R: …*
*A: …*

a) Tims Vater kauft 12 Lose.
Majas Vater kauft noch 28 Lose.

b) Tim will 6 Fahrkarten für das Riesenrad holen.
Er hat einen Gutschein für 12 Fahrkarten.

c) Janek kauft Zuckerwatte für 2 €. Er bezahlt mit einem 10-€-Schein.

d) Bei der Achterbahn gibt es 24 Wagen. 18 Wagen sind schon besetzt.

e) Bei der Geisterbahn ist eine Schlange von 29 Personen.
Die 4 Kinder stellen sich auch mit an.

f) Lena kauft eine Tüte mit 12 Gummischlangen.
Tim schenkt ihr noch 9 Gummischlangen.

g) Maja hat auf dem Volksfest 18 € ausgegeben.
Ole hat 13 € mehr ausgegeben.

**2** Überlege gemeinsam mit einem anderen Kind wie viele Personen zwischen 14.00 und 15.00 Uhr Achterbahn gefahren sind.
Schreibt die nötigen Informationen, die Rechenschritte und die Antwort auf.



* übersetzen Problemstellungen aus Sachsituationen in die Sprache der Mathematik und lösen sie

## Aus einer Tabelle Informationen entnehmen und ergänzen

### Auswertung Bundesjugendspiele der Klassen 1a und 2a

| Mädchen | | | |
|---|---|---|---|
| Alter | Teil-nehmer | Sieger-urkunde | Ehren-urkunde |
| 6 Jahre | 5 | 1 | 2 |
| 7 Jahre | 13 | 6 | 4 |
| 8 Jahre | 7 | 3 | 3 |
| gesamt | 25 | 10 | 9 |

| Jungen | | | |
|---|---|---|---|
| Alter | Teil-nehmer | Sieger-urkunde | Ehren-urkunde |
| 6 Jahre | 4 | 2 | 1 |
| 7 Jahre | 11 | 4 | 6 |
| 8 Jahre | 6 | 1 | 3 |
| gesamt | 21 | 7 | 10 |

**1** Die beiden Tabellen enthalten viele Informationen. Schreibe in Sätzen auf, was du ablesen kannst.

*Seite 41 Aufgabe 1*

*6 der 7-jährigen Mädchen erhalten eine Siegerurkunde.*

*...*

**2** Auch die Ergebnisse für die Kinder der Klassen 1b und 2b wurden in einer Tabelle zusammengefasst. Leider hat es geregnet und Zahlen wurden verwischt.

| Klassen 1b und 2b, Mädchen und Jungen | | | | |
|---|---|---|---|---|
| Alter | Teil-nehmer | Sieger-urkunde | Ehren-urkunde | ohne Urkunde |
| 6 Jahre | 9 | 3 | | 3 |
| 7 Jahre | | 10 | 10 | 4 |
| 8 Jahre | 13 | | 6 | 3 |
| gesamt | 46 | | 19 | |

a) Zeichne die Tabelle ab. Benutze ein Lineal.

b) Berechne die fehlenden Zahlen und trage sie ein.

c) Du kannst auch die Ergebnisse der Altersgruppen vergleichen. Schreibe die Vergleiche auf.

*Seite 41 Aufgabe 2*

a) b)

| Alter | Teilnehmer | ... |
|---|---|---|
| 6 Jahre | 9 | |
| 7 Jahre | ... | |
| ... | ... | |

c) *Die 7-Jährigen haben 7 Siegerurkunden mehr als die 6-Jährigen erhalten.*

*...*



* entnehmen relevante Daten aus Tabellen und formulieren mathematisch sinnvolle Fragen

## In einer Tabelle dargestellte Ergebnisse vergleichen

### Auswertung Bundesjugendspiele der Klassen 1c und 2c

| Mädchen | | | |
|---|---|---|---|
| Alter | Teilnehmer | Siegerurkunde | Ehrenurkunde |
| 6 Jahre | 5 | 2 | 2 |
| 7 Jahre | 12 | 4 | 8 |
| 8 Jahre | 6 | 3 | 2 |
| gesamt | 23 | 9 | 12 |

| Jungen | | | |
|---|---|---|---|
| Alter | Teilnehmer | Siegerurkunde | Ehrenurkunde |
| 6 Jahre | 5 | 2 | 1 |
| 7 Jahre | 11 | 2 | 6 |
| 8 Jahre | 8 | 4 | 3 |
| gesamt | 24 | 8 | 10 |

**1** In den Tabellen findest du viele Informationen.
Finde die passenden Rechnungen und ergänze die Aussagen.
Die richtigen Lösungen findest du in den Sternen.

a) Bei den Mädchen gab es insgesamt ▢ Siegerurkunde … als bei den Jungen.

b) Insgesamt haben ▢ Kinder teilgenommen.

c) Bei den 7-jährigen Mädchen gab es … so viele Siegerurkunden wie bei den 7-jährigen Jungen.

d) Bei den 8-jährigen Jungen gab es … so viele Ehrenurkunden wie bei den 7-jährigen Jungen.

e) Bei den Jungen gab es insgesamt ▢ Ehrenurkunden … als bei den Mädchen.

f) Bei den Jungen hat weniger als … der Teilnehmer eine Siegerurkunde bekommen.

g) Bei den Mädchen gab es insgesamt ▢ Urkunden.

h) Bei den 7-jährigen Jungen gab es … so viele Ehrenurkunden wie Siegerurkunden.

i) Bei den 7-jährigen Mädchen gab es … so viele Ehrenurkunden wie bei den 8-jährigen Mädchen.

*Seite 42 Aufgabe 1*

*a) R: 9 − 8 = 1*

*A: … 1 Siegerurkunde mehr …*

*b) …*

1 mehr · halb · 47 · dreimal · viermal · 2 weniger · doppelt · die Hälfte · 21



* entnehmen einer Tabelle Informationen und unterscheiden, ob diese relevant oder nicht relevant sind
* übersetzen Problemstellungen aus Sachsituationen in die Sprache der Mathematik

# Mit Rechengeschichten in Tabellen umgehen

| Hobby | 2 a | 2 b | 2 c |
|---|---|---|---|
| Lesen | 𝍸𝍸 | ... | |
| Fußball | 𝍸 | | |
| Schwimmen | ... | | |
| ... | | | |

| Hobby | 2a | 2b | 2c | gesamt |
|---|---|---|---|---|
| Lesen | 10 | 8 | 7 | |
| Fußball spielen | 5 | ■ | 4 | 20 |
| Schwimmen | ■ | 5 | 7 | 16 |
| anderer Sport | 3 | 4 | 1 | 8 |
| Instrument spielen | 4 | 2 | 10 | ■ |
| Haustier | 3 | 4 | ■ | 9 |
| andere | 3 | 1 | 2 | 6 |

**1** Finde die passenden Rechnungen und beantworte die Fragen.

a) Wie viele Kinder insgesamt haben als Hobby Lesen?

b) Wie viele Kinder aus der Klasse 2 b spielen gerne Fußball?

c) Wie viele Kinder aus der Klasse 2 a schwimmen gerne?

d) Wie viele Kinder insgesamt spielen ein Instrument?

e) Wie viele Kinder aus der Klasse 2 c haben ein Haustier?

f) Wie viele Kinder machen insgesamt in ihrer Freizeit gerne Sport?

Seite 43 Aufgabe 1

a) R: 10 + 8 + 7 = 25

A: 25 Kinder haben als Hobby Lesen.

b) ...

**2** Führe in deiner Klasse eine Umfrage zu den Hobbys durch.

a) Erstelle eine Strichliste.

b) Stelle die Ergebnisse in einer Tabelle dar.

Seite 43 Aufgabe 2

a)

| Hobby | Mädchen | Junge |
|---|---|---|
| ... | ... | ... |

b)

| Hobby | Mädchen | Junge | gesamt |
|---|---|---|---|
| ... | ... | ... | ... |

* sammeln Daten aus der unmittelbaren Lebenswirklichkeit und stellen sie in Tabellen strukturiert dar
* entnehmen Tabellen Daten und unterscheiden zwischen relevanten und nicht relevanten Informationen
* übersetzen Problemstellungen aus Sachsituationen in die Sprache der Mathematik

1 Betrachte die Bilder mit einem Partner. Besprecht, wo ihr Rechtecke, Quadrate, Dreiecke und Kreise entdeckt.

2 Suche in deiner Umgebung Dinge, an denen du Rechtecke, Quadrate, Dreiecke und Kreise erkennen kannst. Schreibe oder zeichne sie auf. Ordne ihnen die passende Form zu.

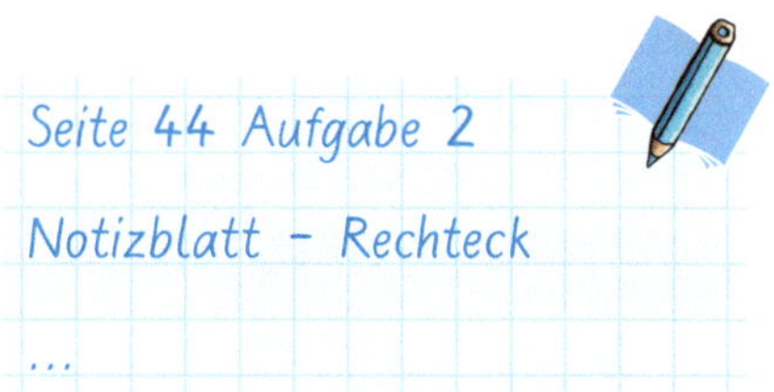




* entdecken und beschreiben geometrische Grundformen (auch in der alltäglichen Umwelt) und verwenden Fachbegriffe

# Rechtecke, Quadrate, Dreiecke und Kreise erkennen

Das Rechteck hat 4 Ecken und 4 Seiten. Die gegenüberliegenden Seiten sind gleich lang.

Das Dreieck hat 3 Ecken und 3 Seiten.

Das Quadrat hat 4 Ecken und 4 Seiten. Alle Seiten sind gleich lang.

Der Kreis hat keine Ecken.

Das Viereck hat 4 Ecken und 4 Seiten.

**1** Entscheide, welche Figuren Rechtecke, Quadrate, Dreiecke und Kreise sind. Ordne zu. Besprich deine Lösung mit einem anderen Kind. Begründe deine Entscheidungen.

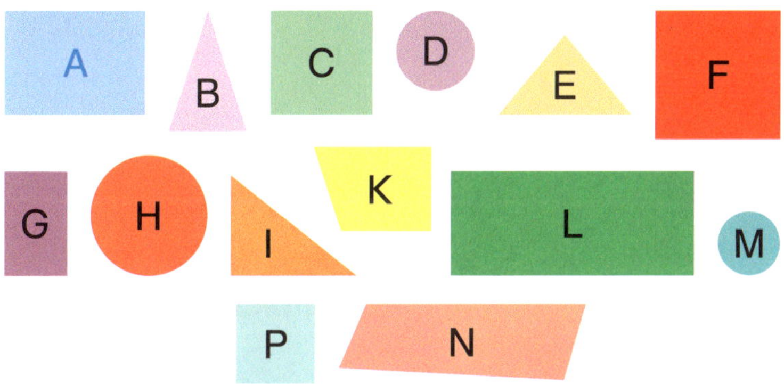

**2** Zeichne Quadrate und Rechtecke.

a) Zeichne die Quadrate und das Rechteck ab. Benutze ein Lineal.

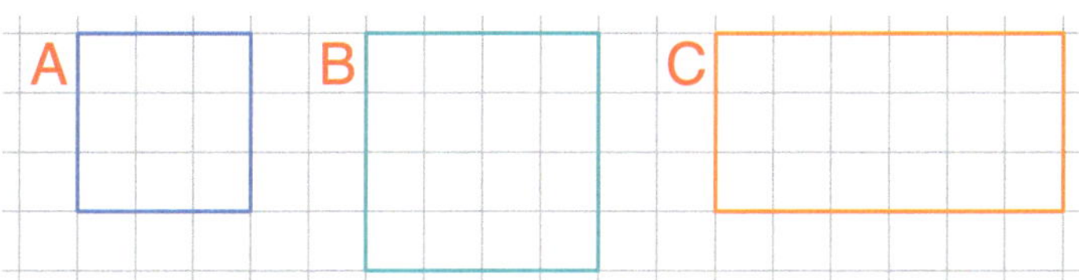


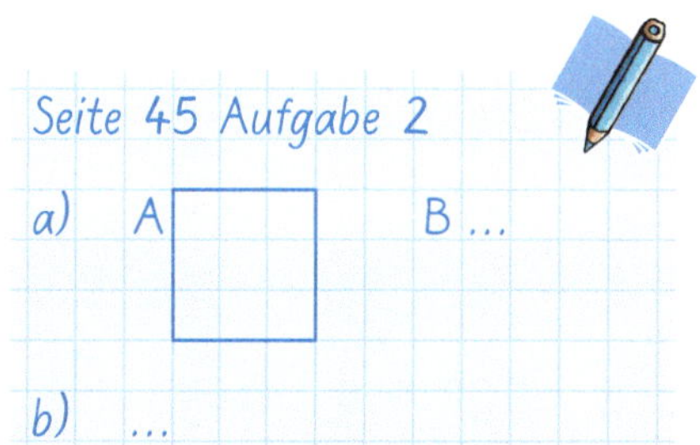


b) Zeichne weitere Quadrate und Rechtecke. Male die Quadrate gelb aus. Male die anderen Rechtecke grün aus.

→ AH Seite 33

* bearbeiten Aufgabenstellungen gemeinsam und erklären anderen ihren Lösungsweg
* beschreiben und vergleichen Flächenformen mit Fachbegriffen

# Den Umfang von Flächenformen bestimmen

**1** Miss die Längen der Seiten und bestimme den Umfang jeder Figur.

A B C D E

Seite 46 Aufgabe 1
A: u = ...
B: ...

**2** Bestimme den Umfang jeder Figur.
Zeichne dann im Heft jeweils eine weitere Figur mit gleichem Umfang.

A B C

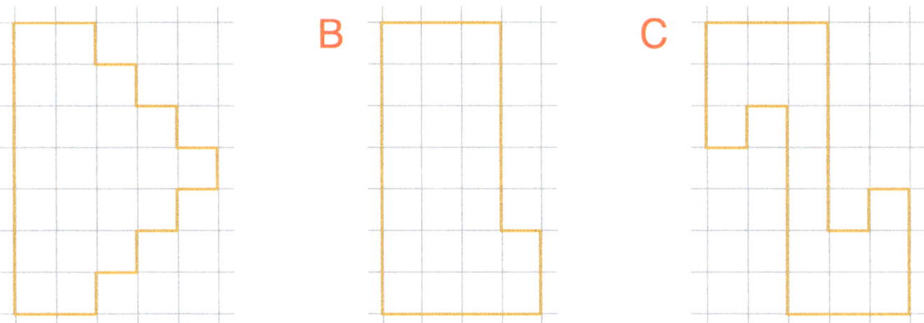

Seite 46 Aufgabe 2
A: ...
B: ...

**3** Lege mit Streichhölzern möglichst viele verschiedene Figuren …

a) … mit einem Umfang von 8 Streichhölzern.

b) … mit einem Umfang von 12 Streichhölzern.

- ermitteln und vergleichen den Umfang ebener Figuren
- erfinden Aufgaben durch Variation oder Fortsetzung gegebener Aufgaben und wenden dabei vorhandene Kenntnisse, Fähigkeiten und Fertigkeiten an

# Flächeninhalte bestimmen und vergleichen

**1** Flächeninhalte mit Hilfe von Kästchen bestimmen.

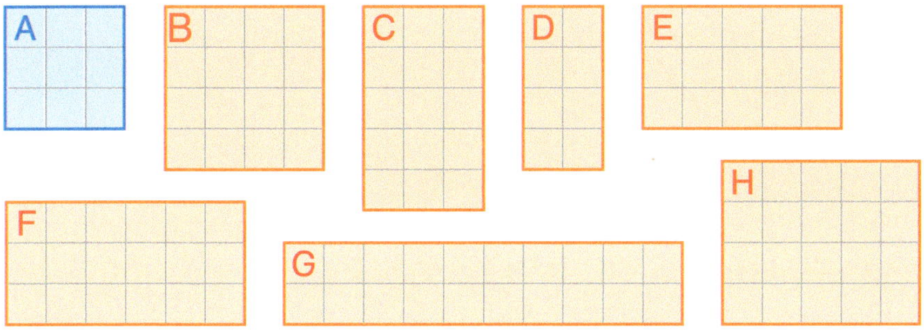

a) Schätze, in welcher Figur die meisten Kästchen sind. Schätze, ob es Figuren gibt, die die gleiche Anzahl von Kästchen haben.

b) Ermittle die genaue Anzahl von Kästchen für jede Figur durch Abzählen.

c) Ermittle die Ergebnisse durch Rechnen. Schreibe die Aufgaben auf.

d) Schreibe Vergleiche auf:
… hat gleich viele Kästchen wie …
… hat mehr Kästchen als …
… hat weniger Kästchen als …

*Seite 47 Aufgabe 1*
*a) Die meisten Kästchen: …*
*Gleich viele Kästchen: …*
*b) Figur A: 9 Kästchen*
*⋮*
*c) A : 3 + 3 + 3 = 9 Kästchen*
*⋮*
*d) Figur … hat gleich viele …*
*Figur … hat mehr …*
*Figur … hat weniger …*

**2** Die Rechtecke und das Quadrat sollen mit quadratischen Plättchen ausgelegt werden.

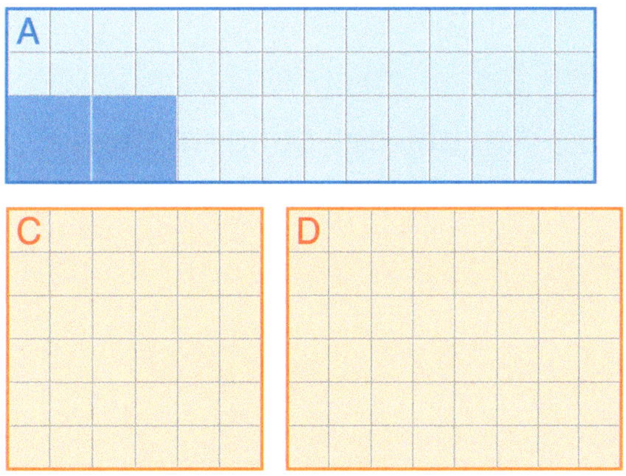


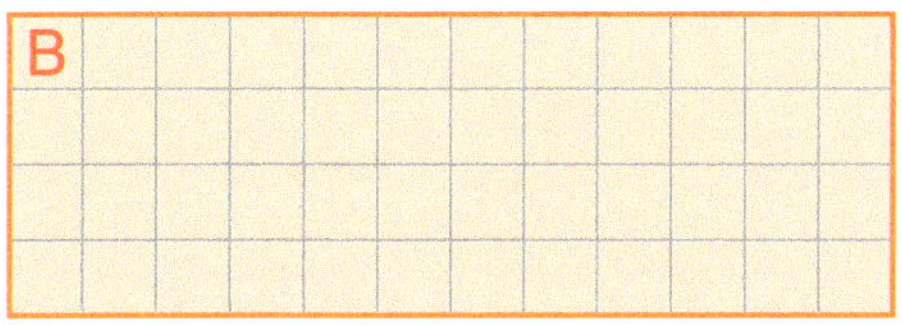


a) Schätze, für welche Figur du zum Auslegen die meisten Plättchen benötigst.

b) Übertrage die Rechtecke und das Quadrat in dein Heft. Zeichne in jede Figur die quadratischen Plättchen ein. Jedes quadratische Plättchen besteht aus 4 Kästchen. Schreibe deine Ergebnisse auf.

*Seite 47 Aufgabe 2*
*a) Die meisten Plättchen: …*
*b) …*



⋆ bestimmen und vergleichen den Flächeninhalt ebener Figuren durch Auslegen mit Einheitsquadraten

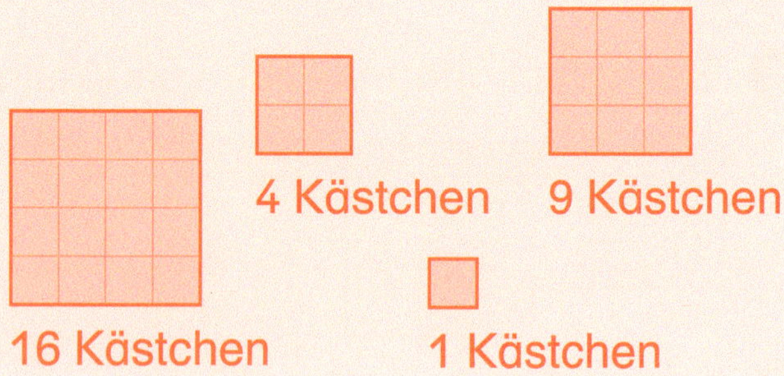


**1** Zeichne Quadrate und ermittle die Größe der Flächen.

a) Übertrage die Quadrate in dein Heft. Benutze ein Lineal. Setze die Reihe fort.

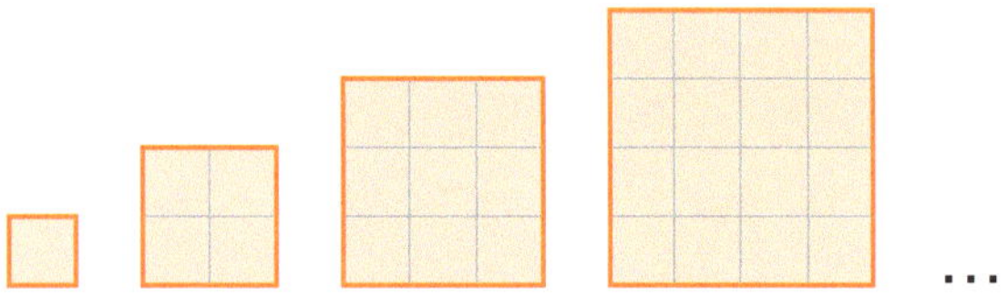

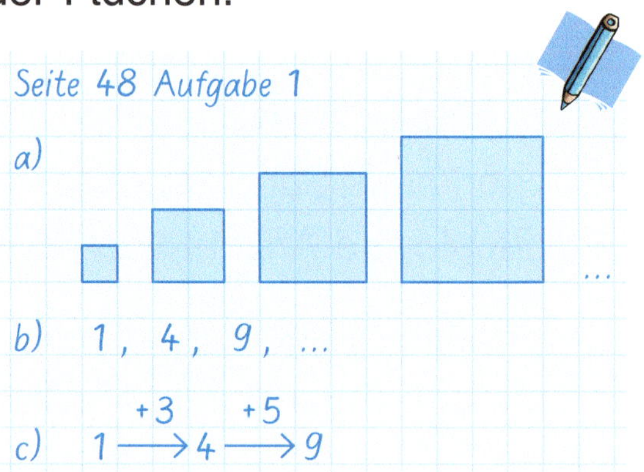


b) Bestimme die Anzahl der Kästchen.

c) Bestimme, wie viele Kästchen jeweils dazukommen.

**2** Zeichne Quadrate zu folgenden Flächenangaben.

a) 25 Kästchen b) 49 Kästchen

c) 64 Kästchen d) 16 Kästchen

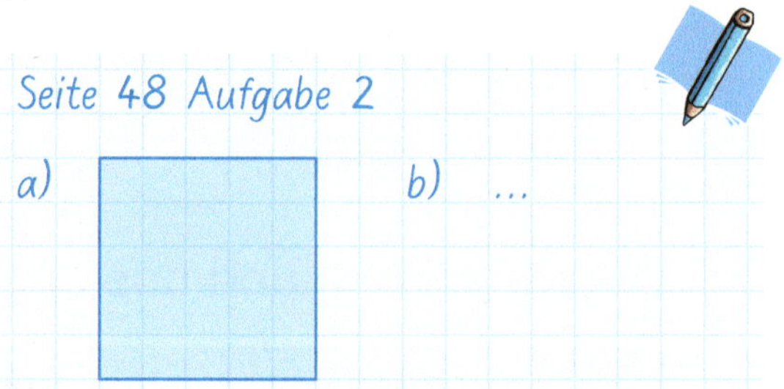


**3** Bestimme die Anzahl der ausgemalten Kästchen. Zerlege die Figuren geschickt. Schreibe deine Rechnungen auf.

a)

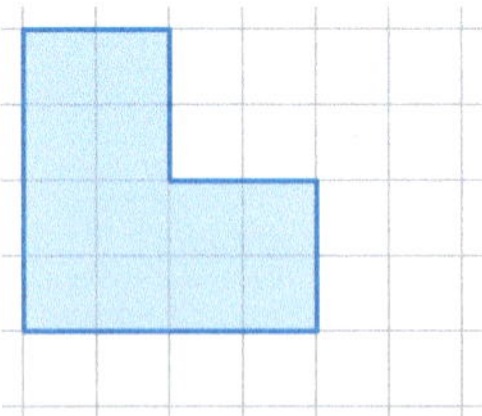

b)

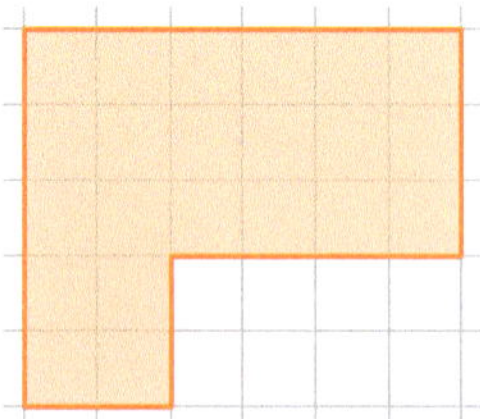

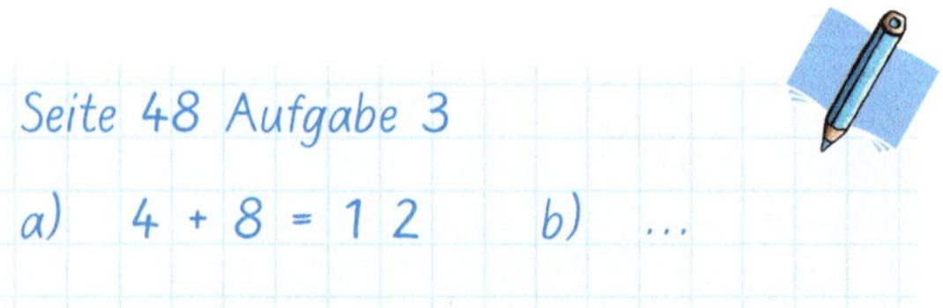


c)

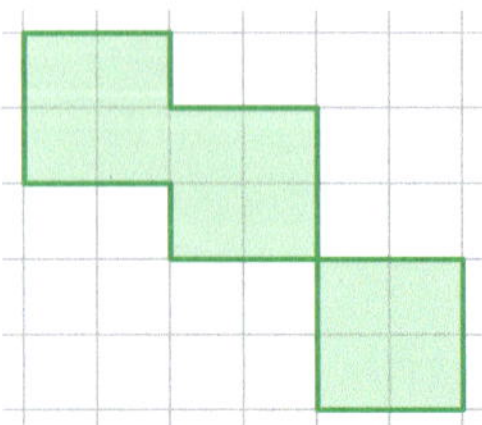

d)

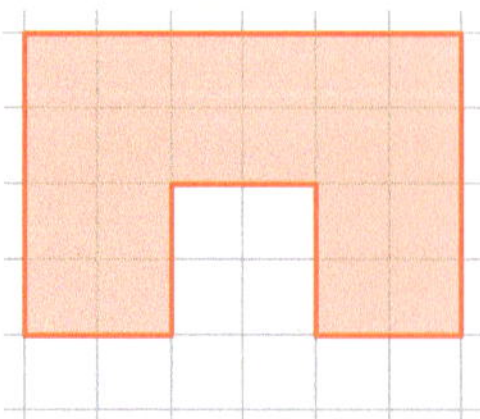

* bestimmen und vergleichen den Flächeninhalt durch Auslegen mit Einheitsquadraten oder Zerlegen in Teilstücke
* erkennen mathematische Beziehungen und Gesetzmäßigkeiten und übertragen diese auf ähnliche Sachverhalte